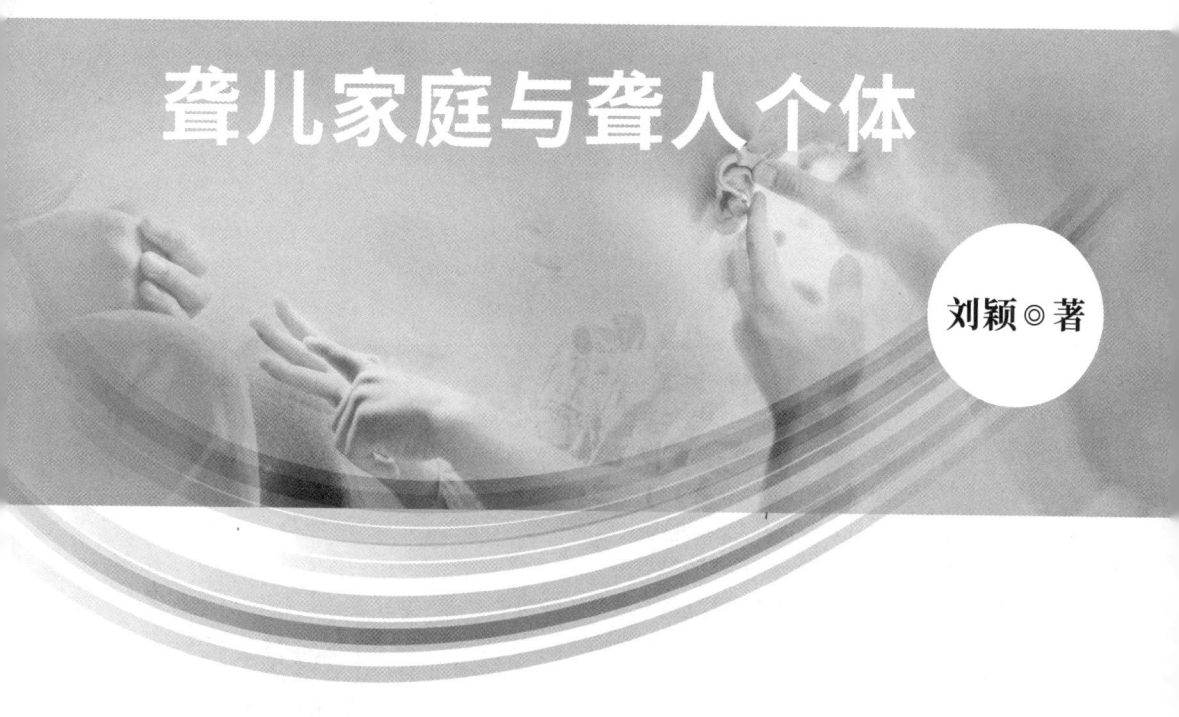

教育部人文社会科学研究青年基金项目"中国聋儿家庭抗逆力生成模型建构与实践研究"（18YJC880059）

优势视角与抗逆力提升：
聋儿家庭与聋人个体

刘颖 ◎ 著

四川大学出版社
SICHUAN UNIVERSITY PRESS

图书在版编目（CIP）数据

优势视角与抗逆力提升：聋儿家庭与聋人个体 / 刘颖著 . -- 成都：四川大学出版社，2024. 10. -- ISBN 978-7-5690-7378-2

Ⅰ . G762.2

中国国家版本馆CIP数据核字第2024VS3555号

书　　名：	优势视角与抗逆力提升：聋儿家庭与聋人个体
	Youshi Shijiao yu Kangnili Tisheng: Long'er Jiating yu Longren Geti
著　　者：	刘　颖
选题策划：	杨　果
责任编辑：	杨　果
责任校对：	孙滨蓉
装帧设计：	裴菊红
责任印制：	李金兰
出版发行：	四川大学出版社有限责任公司
	地址：成都市一环路南一段24号（610065）
	电话：（028）85408311（发行部）、85400276（总编室）
	电子邮箱：scupress@vip.163.com
	网址：https://press.scu.edu.cn
印前制作：	四川胜翔数码印务设计有限公司
印刷装订：	四川煤田地质制图印务有限责任公司
成品尺寸：	170 mm×240 mm
印　　张：	11.75
字　　数：	191千字
版　　次：	2024年11月 第1版
印　　次：	2024年11月 第1次印刷
定　　价：	68.00元

本社图书如有印装质量问题，请联系发行部调换

版权所有　◆　侵权必究

目　　录

绪论 …………………………………………………………………（ 1 ）

上篇　聋儿家庭抗逆力的生成：模型与实践

第一章　上篇总论 …………………………………………………（ 11 ）
第一节　研究背景和研究意义 ……………………………………（ 11 ）
第二节　文献回顾 …………………………………………………（ 14 ）
第三节　研究设计和思路 …………………………………………（ 26 ）

第二章　一个健康聋儿家庭的故事：学前段家庭抗逆力初生成 ………（ 30 ）
第一节　研究背景和问题提出 ……………………………………（ 30 ）
第二节　研究方法 …………………………………………………（ 32 ）
第三节　研究结果 …………………………………………………（ 35 ）
第四节　结论和讨论 ………………………………………………（ 42 ）
第五节　研究反思 …………………………………………………（ 44 ）
第六节　本章小结 …………………………………………………（ 44 ）

第三章　一个健康聋儿家庭的故事：小学段家庭抗逆力再生成 ………（ 46 ）
第一节　问题提出 …………………………………………………（ 46 ）
第二节　理论基础 …………………………………………………（ 48 ）
第三节　研究方法 …………………………………………………（ 49 ）
第四节　研究结果 …………………………………………………（ 52 ）
第五节　结论和讨论 ………………………………………………（ 59 ）

1

第六节 启示和展望……………………………………………（62）
  第七节 本章小结………………………………………………（63）

第四章 聋儿家庭抗逆力提升干预研究………………………（65）
  第一节 研究背景………………………………………………（65）
  第二节 干预设计和过程………………………………………（66）
  第三节 干预结果………………………………………………（72）
  第四节 建议和展望……………………………………………（75）
  第五节 本章小结………………………………………………（77）

下篇 聋人个体抗逆力的生成：家庭与学校

第五章 下篇总论………………………………………………（81）
  第一节 研究背景………………………………………………（81）
  第二节 文献回顾………………………………………………（82）
  第三节 研究设计和思路………………………………………（92）

第六章 当聋人成为父母：一种亲子交流的手段……………（96）
  第一节 研究背景………………………………………………（96）
  第二节 共同阅读支持条件……………………………………（98）
  第三节 共同阅读策略…………………………………………（99）
  第四节 对我国聋儿早期干预研究者的启示…………………（104）
  第五节 对听人父母及聋儿早期干预工作者的启示…………（105）
  第六节 本章小结………………………………………………（107）

第七章 作为聋人的子女：一种本土化的自我认同…………（109）
  第一节 研究背景………………………………………………（110）
  第二节 研究理论视角…………………………………………（111）
  第三节 研究设计………………………………………………（113）
  第四节 研究结果………………………………………………（115）
  第五节 分析和讨论……………………………………………（124）

第六节　结论和启示……………………………………………(127)
　　第七节　本章小结…………………………………………………(128)

第八章　当聋人成为教师：一种有效的教学合作……………………(130)
　　第一节　研究背景…………………………………………………(130)
　　第二节　研究方案…………………………………………………(132)
　　第三节　协同教学实践与合作关系………………………………(133)
　　第四节　影响聋人和听人教师协同教学的因素…………………(142)
　　第五节　结论和启示………………………………………………(146)
　　第六节　本章小结…………………………………………………(147)

附　录………………………………………………………………………(148)
　　附录一　访谈手记：养育普通儿童和特殊儿童有何不同？……(148)
　　附录二　听力康复儿童家长需求调查问卷………………………(151)
　　附录三　家庭功能类型量表………………………………………(155)
　　附录四　聋儿家庭访谈提纲………………………………………(156)
　　附录五　"做脊柱型父母的沟通智慧"讲座实录…………………(157)
　　附录六　"孩子，我们一起读书吧"讲座实录……………………(160)

主要参考文献………………………………………………………………(162)

绪　论

一、优势视角与抗逆力提升

20世纪90年代，积极心理学在国内盛行。挖掘潜能、关注优势的观点得到心理学、教育学、社会工作等研究领域的积极响应。因与抗逆力强调个体优势和潜能的理念不谋而合，陆续有学者以个人和家庭抗逆力为切入点，开展实证研究。已有研究多分布于家庭治疗和社会工作领域，如为病弱、失独、贫困等不利处境之中的个体及其家庭提供心理辅导、进行团体工作等。近年来，也陆续有学者关注到智力障碍、肢体障碍等残疾个体及其家庭，试图从家庭整体图式及更广范围的生态系统入手，为个体和家庭提供支持。

研究视角的转变和研究对象的延伸，让有特殊需要的个体和家庭逐渐走入大众视野，不再隐匿于社会边缘角落。提及有特殊需要的个体及其家庭，以往研究多以焦虑、压力大、心理健康欠佳等词描述，鲜少考虑个体及其家庭的优势和修复能力。诚然，特殊需要儿童的出生和成长确实会为家庭带来巨大的冲击和持续的压力，但也有家庭通过积极的适应和改变，与压力和谐相处，甚至将压力视为家庭健康发展的动力，让个体和家庭潜能得到最大程度的发挥。在困境中破茧而出的个体，被称为具备抗逆力的个体；在逆境中逆风向上的家庭，被称为具备家庭抗逆力的家庭。

二、个体抗逆力与家庭抗逆力

(一) 个体抗逆力

对抗逆力的研究最早始于德国。德国医生 Manfred Bleuler (1972) 在临床研究中发现,一些来自父母精神异常家庭的儿童并未受到父母患病的影响,仍然实现了良好的适应和发展 (Zolkoski, 2012)。为什么在相同压力下或逆境中,有的儿童会消沉甚至患上精神疾病,有的儿童却适应良好?以此疑问为基础,美国心理学家 Garmezy (1985) 等首次提出"抗逆力"一说,肯定抗逆力在保护青少年心理健康方面的重要作用。

经过 30 多年的发展,抗逆力研究已从医学和心理学领域扩展到生物学、社会学和教育学等多个领域,受研究者研究视角、学科背景及概念本身复杂性等因素的影响,研究者并没有对抗逆力的内涵达成一致看法。从 20 世纪 70 年代发展至今,学界对抗逆力内涵的界定大致可以分为以下四个取向:①积极结果取向。早期抗逆力通常作为积极结果的近义词,指个体在身处挑战或威胁环境时仍能取得良好发展,如从创伤中恢复、成功逃避风险因素的消极影响等 (Werner, 1994)。②个人特质取向。抗逆力也可视作个体从不幸或持续的压力事件中得以康复或适应的能力 (Werner, 1994)。这些能力包括问题解决能力、社会交往能力、理性思考能力和目标导向能力等 (Bernard, 1993)。③动力过程取向。除静态的结果说和能力外,有学者也提出抗逆力是一个动态的过程,是个体(或组织)有效应对风险和压力的过程,而不仅仅是减轻或消除它们 (Rutter, 1987)。④综合因素取向。除对抗逆力做出清晰界定外,有学者认为抗逆力是由匿名因素引发的期望结果,匿名因素由多种因素综合而成,无法确切说明何种因素在抗逆力形成过程中起何种作用 (Bernard, 1993)。

研究者对抗逆力的定义关注点各异,但有两点获得了他们的共同认可:①个体经历了不幸或危险情境;②个体成功应对或适应良好。总结抗逆力定义的发展变化,研究者的关注点已不局限于以上两个共同点,这反映了抗逆力的研究焦点从开始阶段关注抗逆力的特征和结果逐渐转向抗逆力的表现过程和内在机制（Walsh，2013）。

在对抗逆力的内涵进行探讨后，研究者将研究重点转到了抗逆力的发生与发展的过程。对抗逆力的研究始于对处境不利儿童的关注，逆境、压力或创伤增加了他们受到伤害或发展不利的风险（risk），这些风险被称为风险性因素（risk factors），如来源于高风险环境的风险性因素，包括家庭贫困、父母精神疾病、物质缺乏、虐待或忽略、未成年母亲和围产期综合征等；来源于高压环境中的风险性因素，包括父母离异和儿童身心疾病；来源于严重创伤的风险性因素，包括战争、恐怖袭击和自然灾害（Werner，2000）。保护性因素是指与风险性因素相对的、能与后者相互作用，从而降低或改变由后者导致消极结果可能性的因素。保护性因素存在于个体内部和外部，个体内在资质及其成长、发展中的系统外在优势都能被视为保护性因素（William，1989）。具体而言，保护性因素包括个体保护性因素（如良好的智力、容易相处等）、家庭保护性因素（如较小的家庭压力、有序的家庭环境等）、家庭外保护性因素（如参加亲社会组织等）。

（二）家庭抗逆力

20世纪80年代，随着抗逆力动态化、体系化观点的提出，抗逆力研究也逐渐从个体扩展到家庭和社区。过去已有研究表明，个体（尤其是青少年）表现出的抗逆力，在很大程度上反映了其身后整个家庭应对逆境的能力（冯跃，2014）。当家庭遭遇挑战或危机时，儿童受到的影响最大。家庭应对逆境的方式、过程和结果，对儿童当下和未来的适应和发展都有着巨大影响（Boss，2012）。从这一层面看，家庭不能仅被看作个人抗逆力生成的风险性因素或保护性因素，还应被视为影响抗逆力生成的独立的功能实体加以研究（冯跃，2014）。

家庭抗逆力，即以家庭为整体单元，面对逆境的适应和复原能力（Masten，2018）。家庭抗逆力内涵的发展经历了从静态到动态、从单维到立体的发展过程。其包括以下三个取向：①保护性因素取向。家庭抗逆力是保护性因素的同义词，即家庭成员在面对压力和逆境时表现出的积极行为模式和应对策略。②适应方式取向。家庭抗逆力是家庭成员面临压力时的适应及转变过程。家庭成员通过积极整合风险性因素和保护性因素，以自己独特的方式应对逆境。③关系建构取向。家庭抗逆力的形成是以家庭为单位的一种应对与适应的过程，也是处理挑战性压力后使经验产生意义的过程。家庭抗逆力不仅是经受逆境考验，更包含了个体及社会关系层面的潜能转变和提升（冯跃，2014）。

虽然被确切提出的时间不长，但以家庭压力、家庭危机等已有研究为基础，家庭抗逆力很快从理论发展为一种研究工具，研究者通过建立不同模型来探寻家庭抗逆力的发生过程或形成规律。20世纪40年代，美国家庭心理学家Hill最早提出ABC－X模型，用以分析家庭压力和家庭危机之间的关系。模型中A指家庭面临的压力事件或情境，B指家庭拥有的资源，C指家庭对压力事件的认知，X指压力的高低程度。其中B因素和C因素是家庭能否成功抵御危机的重要因素。20世纪70年代，美国心理学家McCubbin及其同事在上述模型的基础上，发展出双重ABC－X模型，即原有的A、B、C和X因素适用于危机产生前的静止状态，在危机发生后，压力累积或新的资源产生等动态变化更能准确反映家庭抵御危机的过程。这些动态变化分别以aA、bB、cC、xX表示，分别指代累积压力、因压力产生的新的家庭资源、家庭对压力和资源的再认识，以及家庭最终的适应（冯跃，2014）。在影响家庭抗逆力产生的关键变量都被深入讨论的基础上，21世纪初，美国心理学家Walsh去繁就简，提出三个切实可行的促进家庭抗逆力产生的关键过程：重建家庭信念系统、重构家庭组织模式和促进家庭沟通过程。在实践中，任何家庭都能通过引导和自我思考，尽最大努力强化关键运作过程，使家庭的潜能最大化（Walsh，2002）。

三、聋儿家庭抗逆力和聋人个体抗逆力

接近半个世纪的发展，对个体和家庭抗逆力的解释和分析，逐渐从静态的结构化描述演变为动态的过程视角。心理学家、社会学家和心理咨询师对家庭抗逆力产生、发展、强化、持续的过程也越来越清晰。但回顾已有研

究，尚存在两个亟待解决的问题：

第一，个体和家庭抗逆力理论研究与实践多在西方开展，亟待在我国生根发芽。抗逆力和家庭抗逆力的研究起源于西方，其内涵、内在结构和运作过程均是基于西方文化和价值观提出的。东西方文化差异可能让抗逆力呈现出不同面貌，如我国家庭表达爱意的方式更为含蓄，相较平等更推崇尊重和顺从，个人成就可为家庭整体追求让步，对个体成功的定义也与西方国家大相径庭。基于此，在抗逆力和家庭抗逆力研究飞速发展的当下，有必要对我国个体和家庭抗逆力进行探寻和实践，开始抗逆力理论和实践研究的本土化进程。

第二，抗逆力实践研究已陆续涉足弱势家庭领域，但还未涉及聋儿家庭及发展中的聋人个体。目前已有学者对贫困家庭、父母患有心理疾病家庭，以及育有发展障碍儿童家庭的家庭抗逆力产生机制、过程、家庭类型等进行研究，但尚无针对聋儿家庭探讨家庭抗逆力生成、以提升家庭抗逆力为最终目的的相关研究。在优势或劣势家庭中成长起来的聋人个体，如何在更多的生态系统中获得支持、生成抗逆力，相关讨论也几乎空白。相较其他类别的特殊需要儿童及其家庭，聋人个体和聋儿家庭在发展过程中会面临不同的挑战，如听人家长和聋儿可能因语言差异导致沟通不畅，而充分沟通是保证家庭抗逆力运作的核心要素；可供聋儿选择的教育安置方式众多，但目前并无准确数据表明某种教育安置方式一定优于其他，家长选择风险系数较高，面临压力更为巨大和持久。因此，针对其他类别的特殊需要儿童开展的个体和家庭抗逆力相关研究不能简单地迁移至聋儿家庭和聋人个体。在全球注重积极品质培养和幸福感提升的大背景下，我们有必要以优势视角看待聋人个体和聋儿家庭，尝试在我国文化背景下对该群体的抗逆力关键变量和过程进行深入探讨，形成以激发家庭潜能和优势为最终目的的聋儿家庭抗逆力生成模型，以及聋人个体抗逆力生成路径。

四、本书主题

笔者从本科开始学习特殊教育，硕、博专业均未曾更改，其间在代光英、顾定倩等师长的指点下跨入聋教育研究大门。初读一些相关文献，笔者发现其多以负面视角审视聋人群体，"愚钝""落后""局限"等用词比比皆是，养育聋儿的家庭也多被描绘为"悲惨""可怜""度日如年"。但在随后和聋人群体及其家庭深入接触的过程中，笔者发现聋人群体是一个极具生命力的群体，养育聋儿的家长也大多眉眼含笑地讲述聋儿的点滴进步。其鲜活、向上的面貌，与一些专业文献和相关报道中勾勒出的扁平形象大相径庭，笔者试图从积极角度重构我国聋人及其家庭的想法日渐萌发。以个体抗逆力和家庭抗逆力为抓手，笔者陆续展开了一系列实证研究，既包括探寻聋儿家庭抗逆力生成过程的叙事研究，也包括为5个聋儿家庭提供支持的干预研究；既包括对聋人个体成长为父母、教师后的闪光点的挖掘，也包括身为聋人的子女如何在我国社会中自洽的本土化探讨，"以优势角度看待聋人及相关群体"的主线始终贯穿其中。

本书共分为上下篇。

上篇为"聋儿家庭抗逆力的生成：模型与实践"，包含上篇总论、一个健康聋儿家庭的故事：学前段家庭抗逆力初生成、一个健康聋儿家庭的故事：小学段家庭抗逆力再生成及聋儿家庭抗逆力提升干预研究四个章节，跨度近五年的系列研究回答了我国聋儿家庭抗逆力"如何生成"及"如何提升"两个重要的研究问题。

下篇为"聋人个体抗逆力的生成：家庭与学校"，包括下篇总论、当聋人成为父母：一种亲子交流的手段、作为聋人的子女：一种本土化的自我认同和当聋人成为教师：一种有效的教学合作四个章节。三个相对独立的实证研究对我国聋人如何与听人子女相处、如何与听人同事相处的本土化问题进行了适度讨论，为聋人个体抗逆力在家庭、学校和社会等多种生态系统中的生成与提升提供了本土经验。

五、本书研究价值

（一）理论价值

第一，有利于聋人个体抗逆力概念的深化。"聋"本身的界定尚存争议，教育家、社会学家和医生各执一词，因此目前也尚无被广泛认同和接受的聋人个体抗逆力概念。对聋人而言，何种发展结果标志着抗逆力的形成，对听人群体有利的影响因素是否对聋人有相同意义，这些问题还需要更多基于实证的研究。本书从聋人个体及其家庭入手，通过聋人家长、子女和同事的视角，探寻社会对聋人个体"积极发展"的认知和界定，可为上述问题的解决提供数据支撑，有利于聋人个体抗逆力概念的深化。

第二，有利于抗逆力内涵的本土化。抗逆力和家庭研究始于西方，其内涵中包含的能力、信念、支持和幸福等核心要素均建立于西方价值体系之上。相较于西方文化的外向、直接和独立，我国文化蕴含的内敛、含蓄和凝聚等特点可能会为抗逆力内涵增添不一样的东方色彩。本书关注视角为我国聋人及其家庭，通过对其个体抗逆力和家庭抗逆力的探寻，可为个体和家庭抗逆力本质、运作过程和关键影响因素的本土化提供理论依据。

（二）实践价值

第一，有利于抗逆力实践领域研究成果的丰富。抗逆力理论适用性极广，受益学科涉及医学、心理学、社会学和教育学等多个领域。但抗逆力的这种外延性在一定程度上影响了实践的针对性，造成目前抗逆力理论研究成果远远多于实践研究成果的不平衡局面。以聋儿家庭抗逆力和聋人个体抗逆力提升为目的的实证研究，可以有针对性地运用于聋人家庭教育、聋儿早期干预、聋人学校教育、聋人就业等实践领域，有利于丰富聋教育领域实践研究成果。

第二，有利于以家庭为中心的聋儿早期干预形式的拓展。长期以来，对

优势视角与抗逆力提升：
　　聋儿家庭与聋人个体

聋儿是否取得"积极发展"的关键判断标准是"听力康复"和"语言康复"，强调对聋儿听力缺失和语言缺陷的弥补。本书以个体和家庭抗逆力为取向，尝试从优势视角出发，通过与聋儿家长的对话，引导聋儿家长发现家庭自身优势，不仅关注当下问题的解决，在修复家庭问题的同时也为未来的挑战做好准备，从而达到促进聋儿及其家庭长期良性发展的目的。与已有聋儿早期干预实践相比，本书将聋儿早期干预的切入点从聋儿转移到聋儿家长，干预内容从个人扩展到家庭及社会多方资源的挖掘和整合，干预形式和内容有所延展和创新。

上篇 聋儿家庭抗逆力的生成：模型与实践

第一章 上篇总论

本章分为三节：第一节为研究背景和研究意义，从我国聋儿早期干预现状和挑战入手，阐明在我国开展以家庭抗逆力提升为导向的聋儿早期干预的重要性；第二节为文献回顾，分别对家庭抗逆力、聋儿家庭抗逆力和以抗逆力提升为导向的早期干预三个领域的相关文献进行了系统梳理和回顾；第三节为研究设计和思路，从研究对象、研究目的、研究问题、研究思路、研究重点和研究难点等维度入手，对上篇系列实证研究的设计思路和实施过程进行了详细介绍。

第一节 研究背景和研究意义

一、研究背景

聋儿听力康复一直是我国特殊教育事业中非常重要的组成部分。2022年1月，国务院办公厅发布的《"十四五"特殊教育发展提升行动计划》明确指出，要继续促进医疗康复与特殊教育融合，提升康复训练的针对性和有效性。我国现有 0~6 岁聋儿约 13.7 万，每年新生聋儿 2.3 万，[1] 如能及时

---

[1] 听障儿童概述中国有听力残疾儿童 13.7 万人 [EB/OL]. (2018-06-28) [2022-05-01] http://www.cndcm.cn/html/home/kangfuzhishi/2736_1.html.

优势视角与抗逆力提升：
聋儿家庭与聋人个体

发现、诊断和提供干预，聋儿能发展出和普通儿童相当的语言和认知能力，为后续学业和就业的成功提供保障。

2009年，我国卫生部颁布《新生儿疾病筛查和管理办法》，明确听力障碍为新生儿疾病筛查的病种之一。2004年和2010年，卫生部先后发布和修订《新生儿听力筛查技术规范》，规范听力筛查的对象、技术和流程（黄丽辉，2011）。2009年，中华医学会耳鼻咽喉头颈外科学分会听力学组联合相关专家编写了《新生儿及婴幼儿早期听力检查及干预指南（草案）》和《助听器研配指南（草案）》，对新生儿听力筛查后的诊断和处理提供指导。2018年，国家卫生和计划生育委员会"新生儿疾病筛查听力诊断治疗组"专家经过多次讨论和修订，共同编写了《婴幼儿听力损失诊断与干预指南》，进一步规范了我国婴幼儿听力损失的诊断和干预工作（吴皓等，2018）。在政府的推动下，全国大多数省（市、区）都开展了新生儿听力筛查工作。2010年，我国新生儿听力筛查率为39.9%。[1] 截至2022年，该数据已迅速攀升至86.5%，[2] 北京、上海、重庆、深圳、成都等多地的筛查覆盖率已超过95%，高于全国平均水平。[3] 在干预方面，根据我国《2019年残疾人事业发展统计公报》数据，全国已建设各级语言康复机构1669个，平均每年对2.5万个0~6岁聋儿进行语言训练。[4]

在取得上述成绩的同时，一些问题也陆续出现，如早期干预内容单一，不能充分满足聋儿及其家长的需要；干预人员以强硬的专家姿态介入聋儿家庭，使聋儿家长产生被控制和被侵犯的消极感受；受制于伦理局限，随机控制的实验难以实施，早期干预效果难具说服力等（刘颖，2022）。不仅在我国，美国、英国、德国、法国、日本和韩国等国家的聋儿早期干预实践均受

---

[1] 姚适，朱军，姜鑫，等. 2010年中国新生儿听力筛查覆盖率与管理现状分析[J]. 中国妇幼保健，2014，29（4）：497-499.

[2] 全国爱耳日丨我国新生儿听力筛查率达到86.5%[EB/OL]. (2022-03-03)[2023-05-01]. https://www.sohu.com/a/526945698_422330.

[3] 乔宇斐，商莹莹. 新生儿与儿童听力筛查中的问题与对策——京津冀地区儿童听力诊断中心2019年第四季度学术活动报道[J]. 中华耳科学杂志，2020，18（1）：214-215.

[4] 中国残疾人联合会. 2019年残疾人事业发展统计公报[EB/OL]. (2020-04-02)[2022-05-01].

到类似问题困扰（Bowen，2016）。与其他类型特殊需要儿童（如自闭症、智力落后儿童等）早期干预的飞速发展相比，聋儿早期干预发展速度在世界范围内均稍迟滞。

在聋儿早期干预曲折发展的同时，社会学、心理学和临床医学领域陆续开始将一种年轻的理论付诸实践，即基于抗逆力（resilience）的干预实践。抗逆力是指个人（或群体）面对生活逆境、创伤、悲剧、威胁或其他生活重大压力时能良好适应的能力，它意味着面对生活压力和挫折的"反弹能力"。基于抗逆力的干预实践，即从优势角度看待干预对象，激发干预对象自身优势和潜能，依靠自身而非他人力量渡过逆境，并从逆境中得到提高。抗逆力理论和实践的出发点与特殊需要儿童早期干预促进儿童终生发展的目的不谋而合。美国2000年出版的《儿童早期干预手册（第二版）》一书，首次对抗逆力理论应用于特殊需要儿童早期干预的必要性和可行性进行了系统分析。2011年，综合各国聋教育领域杰出学者研究成果的《聋与抗逆力》(*Resilience in Deaf Children*)一书于美国出版，首次正式实现聋教育与抗逆力的"联姻"。但诚如笔者在全书结语中所说，尽管这种全新的领域嫁接令人振奋，但目前研究仍更多地停留在理论探讨层面，缺少足够的实践来证明其有效性。目前，我国尚无以抗逆力为取向的聋儿早期干预先例，发源于西方文化的抗逆力理论能否顺利移植于我国文化土壤，聋儿早期干预能否顺利从延续数十年的缺陷视角转变为优势视角，一切都尚属未知。

基于此，本篇试图通过对适应良好的聋儿家庭进行观察、访谈，探寻蕴含于其家庭内部的抗逆力，建构我国聋儿家庭抗逆力生成模型；以该模型为指导，结合家庭生命周期理论和生态学理论，对高危聋儿家庭开展基于家庭实际需求的、以抗逆力提高为导向的早期干预实践。

二、研究意义

（一）有利于抗逆力实践领域研究成果的丰富

抗逆力理论适用性极广，受益学科涉及医学、心理学、社会学和教育学等多个领域。但抗逆力的这种外延性在一定程度上影响了实践的针对性，造成目前抗逆力理论研究成果远远多于实践研究成果的不平衡局面。开展以抗逆力提高为导向的聋儿早期干预实践，有利于丰富抗逆力实践研究成果。

（二）有利于聋儿早期干预形式的拓展

长期以来，聋儿早期干预以"康复"为关键词，强调对聋儿听力缺失和语言缺陷的弥补。本研究以抗逆力为取向，从优势视角出发，以激发聋儿个体及其家庭的潜在能力为手段，试图达到促进聋儿及其家庭长期良性发展的目的。干预过程以个案为主体，干预内容涉及个人、家庭及社会多方资源的挖掘和整合，与已有聋儿早期干预实践相比，干预形式和内容有延展和创新。

第二节　文献回顾

一、家庭抗逆力相关研究

20 世纪 80 年代，随着抗逆力动态化、体系化观点的提出，抗逆力研究也逐渐从个体扩展到家庭和社区。过去已有的研究表明，个体尤其是青少年所表现出的抗逆力，在很大程度上反映了其身后整个家庭应对逆境的能力。当家庭遭遇挑战或危机时，儿童受到的影响最大。家庭应对逆境的方式、过程和结果，对儿童当下和未来的适应及发展都有着巨大影响。从这一层面来看，家庭不能仅被看作个人抗逆力生成的风险性因素或保护性因素，还应被视为影响抗逆力生成的独立的功能实体加以研究。

（一）家庭抗逆力研究的背景

1. 家庭优势（family strengths）视角

20世纪七八十年代，家庭优势视角逐渐取代过去的病理学视角，学者研究开始关注家庭本身已有的优势和能力。家庭治疗师和早期干预者需要做的是基于家庭已有资源提供相匹配的建议和指导，以促进家庭潜能的发挥和抗逆力的生成。研究者不再纠结于家庭被动应对逆境的方法，转而关注家庭主动摆脱逆境成功的过程，强调对良性运转家庭所具备的沟通能力、冲突化解能力等共性特点的研究。

2. 发展性的精神病理学（developmental psychopathology）视角

该研究视角聚焦于环境和遗传在个体纵向发展过程中发生的复杂互动。过去的经历、与他人的联系、所处的文化环境成为影响个体抗逆力的环境变量。外显的生理特征、未被激发的潜在基因是影响个体抗逆力的遗传变量。各种变量在个体发展过程中相互交织，共同为个体应对压力提供保护性因素。

3. 家庭压力理论（family stress theory）视角

家庭压力是指家庭的平衡状态有所改变。美国学者Boss（1988）认为，家庭压力是中性词，每个家庭都会遭遇压力，但压力带来的结果如何取决于家庭系统的认知和运作，以及家庭所能取得的资源和支持。具有抗逆力的家庭能合理运用个体、家庭以及社会资源，从多个层面来应对逆境带来的挑战。

（二）家庭抗逆力的含义

学界对家庭抗逆力内涵的解读经历了从静态到动态、从单维到立体的发展过程。

1. 适应方式取向

家庭抗逆力是家庭成员面临压力时的适应及转变过程。家庭成员通过积极整合风险性因素和保护性因素，以自己独特的方式应对逆境。

2. 保护性因素取向

家庭抗逆力是保护性因素的同义词，即家庭成员在面对压力和逆境时表现出的积极行为模式和应对策略，是家庭内部的一种自我修复。

3. 关系建构取向

家庭抗逆力是以家庭为单位的一种应对和适应的过程，也是在处理了许多难以释怀的压力性挑战后，使经验产生意义的过程。家庭抗逆力不仅指家庭成功经受逆境考验的能力，更包含家庭成员个体及整个家庭社会关系层面的潜能转变和提升。

（三）家庭抗逆力的关键运作过程

家庭抗逆力的研究者大多从系统观点出发，探寻家庭抗逆力的核心运作过程。Walsh（2016）综合前人已有研究，将家庭抗逆力的关键运作过程归纳为三大版块：家庭信念系统、家庭组织模式和家庭沟通过程。每个家庭基于自身独特的价值、结构、资源和生命挑战，以不同的方式和程序来呈现这些过程。

1. 家庭信念系统

信念系统是所有家庭功能的核心，是培养抗逆力的强大力量。信念系统涵盖价值观、态度、偏见和假设等，可以激发情绪反应，继而指导行为，使主体做出决断。当家庭作为一个运作单元面对逆境时，家庭系统及其文化中最主要的信念会对家庭成员造成最强烈的影响。信念与行动相互影响，某些行动及其后果会强化或改变个体和家庭的原有信念。在不同的文化和价值观中，家庭信念的内容也可能有较大差异。

McCubbin等（1996）提出，在家庭系统中，信念主要通过家庭仪式和讲故事的方式形成和传递。家庭仪式（family ritual）包括节假日的庆祝、关于生命历程的仪式（如婚礼、成人礼、毕业典礼及葬礼）、家族传统（如周年纪念、大团圆）和例行的家庭互动（如共进晚餐等）。这些仪式有助于恢复并延续一个家庭的传统，保持家庭系统的稳定和一致。另外，采用讲故事的方式，为家族成员讲述跨越世代的家族神话和传奇，有利于家庭成员在快速变迁中获得稳定性和延续性，从而建立认同感、社群意识和自尊心。

2. 家庭组织模式

家庭有着各种各样的形式和关系网络，家庭及其成员的整合和适应需要某种模式来提供支持。家庭组织模式受到家庭信念系统和文化的影响，在家庭成员之间延续。家庭在面临危机或逆境时，需要家庭成员组织资源对压力进行缓冲，根据具体情况对家庭模式进行重新组织。一个良性的家庭组织模式需具备灵活性、凝聚力及丰富的社会和经济资源。

Walsh（2002）认为，灵活性可以帮助家庭在面临压力时，重新整合自身优势，以满足现实对家庭运作的要求。Judge（1998）等在对残疾儿童家庭进行研究时发现，对家庭运作模式进行灵活调整，如重新分工、重新规划家庭生活等，可以帮助家长更好地适应残疾子女的到来。家庭组织的第二个核心要素是凝聚力，即家庭成员之间情感和结构上的相连。在面临逆境时，家庭成员要能够相互支持，同时感觉自己的努力、能力以及自我价值受到重视。Fernandez等（2013）提出，一个功能良好的家庭能为其家庭成员提供一个具备安全、信任和滋养，并且能支持个人发展的环境。除了家庭内部联结，来自家庭外部的社会支持同样影响家庭抗逆力的产生。Ungar（2013）提出，一个功能良好的家庭有能力承担其家庭成员面临的困难和需要的帮助，当他们发现自己无法解决问题时，会转而求助于亲戚、朋友、邻居、社区组织和咨询机构等；相反，孤立而缺乏社会支持的家庭容易出现压力下的功能失调。另外，也有研究结果证明，支持网络的大小和联系的频繁程度并不能决定家庭获得帮助的多少，人际关系的品质才是决定社会支持程度的关键因素。

3. 家庭沟通过程

良好的沟通对于家庭功能的完善和抗逆力的生成至关重要。沟通包括传递信仰、交换信息、表达情感和解决问题的一系列过程。家庭遭遇危机、混乱或面临长期压力时，沟通可能更易遇到阻碍，但此时的沟通又恰恰是最重要的。

已有研究表明，清晰的沟通对于有效发挥家庭功能来说至关重要。在健康的家庭中，沟通都是直接、清晰、坦诚和明确的。但对清晰程度的理解也应考虑文化因素。韩国学者 Rigazio-DiGilio 等（2013）通过观察发现，韩国儿童更加注意非语言的沟通，他们会学习察言观色，因为他们认为语言无法完全表达意思或情绪。Goleman（1995）在一项关于情绪智商的研究中发现，坦诚的情感表达可以有效应对和适应生活。在功能良好的家庭中，家人的互动会很明显地带有温暖、愉快、积极的气氛，让彼此相处时感到愉快和舒服。另外，在家庭面临危机时以合作态度来解决问题，也可以促进家庭抗逆力的产生。功能良好的家庭也会出现问题，但通过合作制定解决方案，家庭成员可以有效解决面临的绝大部分问题，并且在沟通、决策和行动过程中衔接比较顺利。

二、聋儿家庭抗逆力相关研究

不少人（包括不少研究者）对聋持有负面态度，习惯于用绝望、悲伤、无助、混乱等负面词语来形容育有聋儿的家庭。聋儿的降生会对听人家庭成员产生巨大冲击，给多个家庭生活领域带来负面影响，如配偶关系、平日家庭聚会和家庭重大活动等。这种病理学研究视角从聋儿家庭研究伊始即存在并延续了数十年。直到 21 世纪初期，一些研究者发现，尽管挑战巨大，但确实存在对现实应对自如、适应良好的聋儿家庭。在抗逆力和家庭抗逆力研究的推动下，学界对聋儿家庭的关注逐渐转为优势视角，研究者开始试图寻找影响聋儿家庭适应的因素及家庭抗逆力产生的过程。如 Calderón 和 Greenberg（1999）在总结已有研究后指出，父母之间的婚姻满意度会带来更高的生活满意度，同时也能减轻聋儿出生给父母带来的压力。Morton（2000）通过个案研究发现，来自延伸家庭（如祖父母）的支持可有效促进聋儿发展。Hinermair（2000）对 20 余项研究进行总结后发现，聋儿父母之间保持紧密联系，有助于父母和聋儿之间发展出温暖、信任、支持和接受的良性亲子关系。

上述研究提出的因素均不同程度地对聋儿家庭对现实的适应产生影响，但这些研究的关注点集中于对聋儿父母压力及需求的探讨，并未直接从家庭抗逆力的视角展开研究。将聋儿家庭视为一个整体、动态的系统，从关系建构角度探寻聋儿家庭抗逆力产生过程的研究目前只有两项，分别来自美国学者 Luckner 和 Velaski（2004）以及南非学者 Ahlert 和 Greeff（2012）。

从优势视角出发，Luckner 和 Velaski（2004）根据家庭治疗领域对"健康家庭"（healty family）的界定，结合聋儿家庭的实际特点，提出了"健康聋儿家庭"的定义，并以此为标准，最终确定了 19 个参与研究的健康聋儿家庭。Luckner 和 Velaski 通过一对一、一对多等形式的访谈，确定影响健康聋儿家庭形成的因素，并总结了这些家庭为其他聋儿父母及聋教育工作者提出的建议。

针对"什么能帮助你们成为一个健康的家庭"的问题，参与者给出的最多的答案依次为：①对家庭的承诺，如家庭成员之间相互的爱护和支持、尽量多地与家人共处等。②向聋儿学习手语，尽早建立家庭成员之间的沟通方式。③来自亲戚、朋友和社区成员的帮助，如祖父母或其他的聋儿父母。④来自教育专家的支持，尤其是聋儿正在参与的教育项目的专家。⑤对聋儿的高期望，不因耳聋而降低预期。

对于曾经遭遇的困难，聋儿父母提到最多的依次是：①寻找理想的教育项目和获取合适的服务，如对聋儿沟通方式、教育安置形式的选择以及手语翻译、速记等服务的提供。②学习手语，如很难找到合适的课程或学习资料。③让他人了解聋，如邻居可能对耳聋反应过度。④经济负担，如医疗费、设备购置和治疗费等会带来大量额外花销。⑤为聋儿找到同龄朋友，不管是普通同伴还是聋儿同伴。

已经成功克服诸多挑战，成长为健康家庭的聋儿父母为其他聋儿父母提供了以下五点建议：①收集获取资源的信息，知晓自己孩子应有的权利，以确保做出最正确的决定。②不降低对子女的期望，对其行为和学业表现都抱有高期望。③尽量让所有家庭成员学习手语，尽早构建交流环境。④参与对子女的教育，使其尽早开始阅读。⑤提供持续的爱和勇气，鼓励孩子去学习和探索。

Luckner 和 Velaski 在文末总结道，建造一个健康的家庭并不容易，家庭成员之间必须保证源源不断的沟通、合作和支持。孩子的降生会改变一个家庭的结构，聋儿的降生会给父母带来更多从未预想到的挑战。但不管是聋儿父母还是介入干预的专家，都必须树立这样的观念：所有的家庭都有其优势，只要我们愿意花时间去发现和整合优势，任何家庭都会变得更有能力，并能成功应对生活中的困难和满足自身需求。

McCubbin（1993）提出的家庭压力、调整与适应性反应模型（the resilience model of family stress, adjustment, and adaption）将家庭抗逆力的形成描述为家庭在需求和资源之间寻求到的动态平衡。家庭问题解决技能、社会支持、沟通方式等都会对家庭抗逆力的形成产生影响。Ahlert 和 Greeff（2012）首次在聋儿家庭抗逆力研究中引入该模型，通过对南非西开普省中 54 个聋儿家庭的父亲和（或）母亲进行量表测试和开放性访谈（白人家庭 7 个，黑人家庭 21 个，有色人种家庭 26 个），总结出促进聋儿家庭抗逆力形成的保护性因素。另外，鉴于参与家庭文化背景的多元性，Ahlert 和 Greeff 也对黑人家庭和有色人种家庭的家庭抗逆力保护性因素的异同进行了分析。

(一) 聋儿家庭抗逆力的关键运作过程

通过 8 个分量表的施测和两个开放性问题（帮助家庭渡过难关的关键因

素是什么？曾经克服过的最大困难是什么）答案的收集，Ahlert 和 Greeff 总结出了如下 9 个促进聋儿家庭抗逆力形成的关键因素，以及 7 个阻碍聋儿家庭抗逆力形成的关键因素（见表1-1）。

表 1-1　影响聋儿家庭抗逆力形成的关键因素

促进聋儿家庭抗逆力形成的关键因素	阻碍聋儿家庭抗逆力形成的关键因素
家庭共处时光和家庭仪式 规划未来家庭活动 家庭的坚韧性 对家庭内部优势、独立性和合作能力的感知 创新和行动，学习和经历新事物 对家庭生活的控制感 丰富的、可获取的社区资源 确定的沟通模式 预测到聋儿在行为、人格或认知方面的不足	不能与聋儿充分交流 聋儿出现的问题行为 难以接受诊断结果 遭受社区和同伴的排斥 经济压力 缺少与残疾相关的知识 聋儿有多重障碍

通过总结和对比，Ahlert 和 Greeff 提出，除了家庭仪式、责任感、合作、社区支持等已被广泛关注和承认的能促进聋儿家庭抗逆力形成的关键因素，聋儿家庭抗逆力的形成还受到另外两个特异性因素的影响：家庭成员的充分沟通和来自专业人士的指导。那些在短时间内建立起了可与聋儿共享的交流方式，并且及时参与了聋儿早期干预项目的家庭呈现出了更好的家庭互动。

（二）文化差异对家庭抗逆力的影响

通过对比，Ahlert 和 Greeff 发现参与研究的黑人家庭和混色人种家庭（如黑人与白人通婚的家庭）在问题解决方式和对挑战的界定等方面存在较大的差异。如量表测验结果显示，适应良好的黑人家庭最看重的资源来自家庭外部，如社区支持、同伴支持等；相反，适应良好的混色人种家庭则表示最大的优势存在于家庭内部，如掌控感、家庭仪式组织等。另外，两种不同文化背景的家庭对挑战的界定也有所不同，混色人种家庭更在意自身对生活的掌控感。不同文化家庭对阻碍家庭抗逆力形成的关键因素的排序见表1-2。

表1-2 不同文化家庭对阻碍家庭抗逆力形成的关键因素的排序

黑人家庭对阻碍家庭抗逆力形成关键因素的排序	混色人种家庭对阻碍家庭抗逆力形成关键因素的排序
聋儿表现出的行为问题（39%） 不能与聋儿充分交流（33%） 经济负担（28%） 社区和同伴排斥（22%） 父亲对诊断结果的不认同（17%）	不能与聋儿充分交流（45%） 难以接受诊断结果（35%） 缺少与残疾相关的知识（20%） 子女残疾带来的尴尬和自责（20%）

Ahlert和Greeff解释这些差别可能是由不同文化强调的不同价值观导致的。如非洲价值体系鼓励家庭、家族和部落成员之间相互照顾，每个人都有义务帮助他人获得幸福，因此黑人聋儿家庭更愿意使用这些外部资源。而混色人种家庭更多受西方文化的熏陶，西方价值体系强调个人隐私、个人空间和自我中心，依赖他人的做法并不被鼓励，因此后者更倾向于发掘自身内部资源。

三、以抗逆力提升为导向的早期干预

抗逆力的提出源于实际案例，其研究历程也必将从理论归于实践，落脚在对可能出现的消极结果的预防和干预上。研究抗逆力的目的是挑选"合适的人选"对特殊需要儿童进行有效干预，并使针对特殊需要儿童进行的早期干预逐渐摒弃过去的缺陷理念，转而以优势视角看待儿童个体和家庭。

（一）以抗逆力提升为导向的早期干预的界定

美国学者Masten（1994）明确界定了以抗逆力提升为导向的早期干预开展的四种途径：①消减风险，在对儿童及家庭产生消极影响之前消除或减少某些特定风险，如在儿童青春期之前教授其必要的性知识。②中断风险连锁反应，如家庭贫困可能导致的父母焦虑、婚姻质量下降、对子女关注不足等问题，及由这些问题进一步带来的儿童逃学、离家出走、药物滥用，甚至未成年生育等连锁问题。早期干预项目对父母养育技能进行训练，提高父母和子女之间的互动质量，可以中断贫困带来的一系列后续消极影响。③增加可用资源，如贫困可能导致一系列资源分配不均，早期干预项目通过提供获取健康服务、教育服务、职业指导等的途径，加强特殊需要儿童及家庭的外在支持。④提供保护性因素或提供获取保护性因素的途径，如引入优秀成人为特殊需要儿童提供示范等。这种途径应成为未来早期干预发展的主要趋势。上述四种途径既是以抗逆力为取向的早期干预开展的过程，也是其最终追求的理想目标。在同一个早期干预项目中，多种途径可以兼容，相互之间并不排斥。

（二）以抗逆力为导向的早期干预实践

笔者以"抗逆力/心理弹性/韧性"和"早期干预"作为关键词在CNKI数据库中搜索，以"resilience"和"early intervention"作为关键词在Proquest中进行搜索，共搜得中英文文献432篇（英文404篇，中文28篇）。通读所有文献摘要后，对其按以下条件进行二次筛选：①全文中出现过"抗逆力/resilience""优势/strength（s）""风险/risk"等与抗逆力相关的词语。②对早期干预内容、途径有详细介绍。③早期干预项目开展过程和最终目的满足上述四种途径中任意一种或几种。④以家庭而非个人作为早期干预对象。⑤参与早期干预项目儿童年龄在0~6岁。经过筛选，最终有5篇文章满足上述所有条件。下面将从干预对象、干预周期、干预方法和干预内容等方面对5篇文章介绍的5个早期干预项目实践进行描述和总结。

1. 开端计划（Head Start Project）

1965年，由美国联邦政府直接资助的早期儿童教育项目"开端计划"正式实施。该项目主要为低收入家庭中3~5岁学前儿童以及普通家庭（不考虑家庭经济水平）中的特殊需要儿童提供教育服务，目的是增强低收入家庭儿童和特殊需要儿童的社会竞争力，使其能有效应对当前环境和今后在学校和社会中的挑战。干预内容包括为儿童及其家庭提供教育服务、健康服务、社会服务和家长参与服务。干预由各州、市公立或私营的早期教育机构承担，政府通过向其提供资助，确保符合条件的儿童及其家庭接受综合性的社会服务。干预方式包括儿童到机构接受免费的早期教育课程、心理咨询服务；家长到机构免费学习科学养育知识；早期干预人员进入家庭，为父母养育和亲子互动提供指导等。作为一项全国性的大型早期干预项目，开端计划已为逾2300万儿童及其家庭提供了服务。

2. 芝加哥纵向研究（the Chicago Longitudinal Study）

芝加哥纵向研究是从1983年开始由美国儿童家长中心（Child Parent Centers，CPC）为低收入家庭儿童提供的一项长期服务。与开端计划不同，该项目的干预对象年龄上限从5岁延伸到9岁，为低收入家庭父母提供免费的综合性服务，旨在提高父母在儿童养育过程中的参与性，同时专门为儿童提供社会和认知技能发展课程。在参与项目的过程中，低收入家庭儿童及其家长可以随时使用承担干预项目的机构的场地和资源开展亲子活动。

3. 家庭选择（Family Options）

家庭选择由美国马萨诸塞州一所名为"职业选择"（employment options）的心理健康俱乐部发起，干预对象为患有严重心理疾病的母亲及其学龄前子女。项目为每一个符合条件的家庭配备一位导师，导师进入家庭后与每位家庭成员建立联系，并通过观察、指导等方式为家庭提供情绪支持、养育示范和资源获取途径等服务。项目持续时间一般为12~18个月，通过量表确定母亲及其子女抗逆能力提高后，干预服务逐渐撤销。

4. 父母养育干预（Parent Mentoring Intervention）

父母养育干预是在西班牙学者Brazelton（1992）理论指导下开展的教育实践项目，旨在为新手父母提供指导，加强其在养育过程中和新生婴儿的互动。新手父母在进行产前检查时自愿决定是否参与项目，确认参与后，两周后会有一位家庭导师到家与家长进行时长2个小时的谈话，并在之后持续保持电话联系。干预自婴儿出生后正式开始，一直持续到婴儿18个月大。家庭导师在干预期间每周家访1次，观察父母和婴儿的互动，并针对实际情况及时给予反馈和指导，帮助新手父母和婴儿建立良好亲子互动关系，以及有效获取社会资源以满足家庭需求。

5. 养育困难型婴儿干预项目（Intervention Program for Fussy Babies）

养育困难型婴儿干预项目是由德国慕尼黑大学 Papoušek 教授的研究团队于 1998 年开展的实践研究。干预对象为养育困难型的婴儿（如持续苦恼、喂食困难等）及其家长，干预方式为基于视频的亲子互动指导和亲子心理治疗。干预者对家庭常规活动（如喂食、换尿布、阅读等）进行录像，并和父母共同观看视频回放，同时分析父母在养育技能方面的优势和问题。该项目的主要目的不仅在于为养育困难型婴儿的父母提供指导，还强调通过对父母优点的挖掘激发其直觉（intuitive）养育的本能。

通过对上述 5 个项目的简单介绍，不难发现这些以抗逆力为取向的早期干预实践具有一些共同点，如均以预防为主，在风险性因素尚未造成影响前介入干预；开展途径和最终目的均以打破风险链接为主，通过提高父母的养育技能、开发家庭优势资源等极力消减贫穷、疾病可能带来的后续负面影响，对干预家庭意义重大。但这 5 个项目干预对象都为低收入家庭或发展性障碍儿童，并未包含聋儿家庭，另外干预重点也并未集中在对家庭自身优势资源的开发上。

综上所述，目前已有以提升个体及家庭抗逆力为目的的早期干预项目陆续展开，但干预对象多集中于贫困家庭、父母患有心理疾病的家庭及育有发展障碍儿童的家庭，尚无针对聋儿家庭实施以抗逆力提升为导向的早期干预的先例。相较其他类别特殊儿童家庭而言，聋儿家庭在发展过程会面临不同挑战，如听人家长和聋儿可能因语言差异导致沟通不畅，而充分沟通是保证家庭抗逆力运作的核心要素；可供聋儿选择的教育安置方式众多，但目前并无准确数据表明某种教育安置方式一定优于其他，家长选择风险系数较高；聋儿早期干预多以语言康复和家长手语培训为主，内容较为单一，无法保证所有聋儿家庭均从中受益……因此，以弥补缺陷为主的聋儿早期干预不再适用，针对其他类别特殊儿童家庭开展的早期干预也不能简单地照搬至聋儿家庭。在全球注重积极品质培养和幸福感提升的大背景下，我们有必要以优势视角看待聋儿家庭，尝试开展以激发家庭潜能和优势为目的的早期干预。

第三节 研究设计和思路

一、概念界定

（一）聋儿家庭

本研究所指聋儿家庭为一个或多个子女听力损失在 70 分贝（dB）以上的单亲或双亲家庭。父母听力水平不做要求，即父母可以为聋人，也可以为听人。

（二）健康聋儿家庭

本研究借鉴 Luckner（2004）的研究，将健康聋儿家庭界定为满足以下四个条件的家庭：①所有家庭成员之间的沟通清晰且直接。②家庭成员的角色和职责划分明确，且角色可灵活转变。③家庭成员愿意为了解决问题做出妥协。④家庭成员之间关系亲密。

（三）聋儿家庭抗逆力

本研究参考关系建构取向的家庭抗逆力含义，将聋儿家庭抗逆力定义为以家庭为单位，对子女为聋儿的现实进行适应和应对的能力。该能力的培养及其发挥作用的过程既有普适性经验，又包含不可复制的独特性经验，这些经验帮助整个家庭系统和每位家庭成员实现潜能的转变和提升。

（四）以抗逆力提升为导向的聋儿早期干预

以抗逆力提升为导向的聋儿早期干预在本研究中指以特定聋儿家庭（具

体要求见后文）为干预对象，以促进家庭成员对家庭优势和资源的自我发掘与探索为途径，以提升家庭抗逆力为目的的早期干预。

二、研究目的和研究问题

本书上篇研究的总目的为基于健康聋儿家庭的成功经验，建构我国聋儿家庭抗逆力生成模型，并在此基础上对高危聋儿家庭进行干预，以促进高危聋儿家庭抗逆力的形成。在此总目标的指导下，可划分出以下两个子目标，并确定相应的研究问题。

（一）研究一：健康聋儿家庭抗逆力生成模型建构

1. 研究目的

总结健康聋儿家庭的成功经验，探寻健康聋儿家庭抗逆力形成的历程及核心影响因素，建构我国聋儿家庭抗逆力生成模型。

2. 研究问题

（1）促进家庭抗逆力形成的保护性因素为何？
（2）阻碍家庭抗逆力形成的风险性因素为何？
（3）我国聋儿家庭抗逆力生成历程和形成机制为何？

（二）研究二：高危聋儿家庭抗逆力干预实践

1. 研究目的

确定目标聋儿家庭（即研究个案），介入以抗逆力提升为导向的预防性干预，达到促进聋儿个体和家庭整体良性发展的最终目的。

2. 研究问题

（1）个案家庭对聋儿个体和家庭整体未来发展的规划和担忧为何？

(2) 个案家庭在未来聋儿养育过程中可能会面临何种挑战？

(3) 个案家庭具备何种优势来应对可能的挑战？

(4) 采取何种干预措施激发个案家庭潜能，促进家庭抗逆力的形成？

(5) 以抗逆力提升为导向的早期干预实践效果如何？

(6) 影响早期干预实践效果的关键因素为何？

三、研究思路

基于上述研究目的和研究问题，本研究包含两个子研究，研究思路见图1-1。

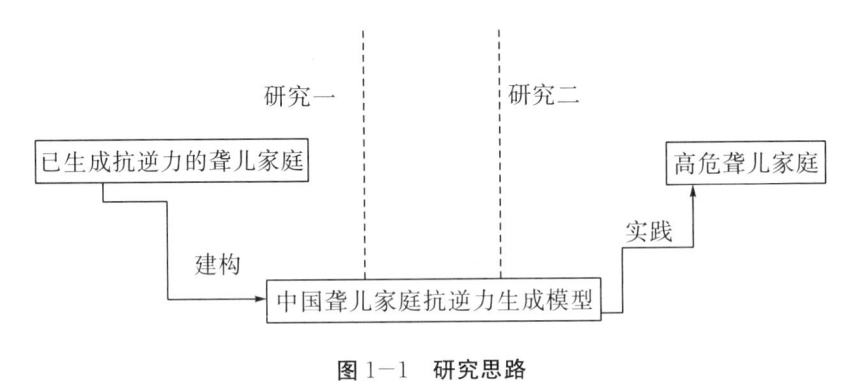

图1-1 研究思路

四、研究重点和研究难点

（一）研究重点

从研究目的出发，本研究的研究重点如下：

(1) 了解健康聋儿家庭抗逆力形成的过程及核心影响因素。

(2) 总结健康聋儿家庭已有的、普适的、本土化的成功经验。

(3) 选定高危聋儿家庭，对其实施预防性干预。

(4) 基于干预对象实际特点和需求，制定和实施干预方案，通过测验、访谈和观察等手段评估干预效果。

(二) 研究难点

1. 准确选择研究对象

基于研究目的和研究内容，必须获得聋校教师、聋儿语训教师和聋健融合学校教师的支持，在理解一致的前提下准确筛选出符合要求的健康聋儿家庭；必须通过《家庭抗逆力手册》的发放和医院的宣传，与新生聋儿家庭建立联系，从中筛选出符合要求的高危聋儿家庭作为干预对象。如果研究对象选择不恰当，后续研究将无法展开。

2. 制定并实施合理的干预方案

目前，我国并无详细的以抗逆力提升为导向的聋儿早期干预方案可供参考，干预方案的制定和实施需研究者自行摸索。除查阅大量相关理论文献外，研究者还需和干预对象进行充分沟通，深入了解其家庭需求和特征，与干预对象共同商定干预方案。如果干预方案制定不合理，后续干预效果将无法保证。

3. 干预效果的评估和长期追踪

目前，我国能对抗逆力是否形成进行准确评估的工具并不多。除使用"家庭功能类型量表"外，还需观察、访谈等方式的辅助，才能对干预效果进行评估。另外，家庭抗逆力的形成和运作是一个长期的过程，需要对干预对象进行长期追踪，才能对干预效果进行全面评估。

第二章 一个健康聋儿家庭的故事：学前段家庭抗逆力初生成

本章以一个学前段聋儿家庭为研究对象，以"家庭抗逆力关键因素模型"为理论基础，从家庭信念系统、家庭组织模式和家庭沟通过程三方面入手，深描该家庭的抗逆力生成过程。本章共六节：第一节介绍研究背景，提出研究问题；第二节为研究方法，介绍研究对象的选择、资料收集和资料分析的方法；第三节为分主题、图景式呈现研究结果；第四节为结论和讨论，结合已有文献和理论，对研究结果进行分析和讨论；第五节为研究反思；第六节为本章小结。通过深入探寻该健康聋儿家庭抗逆力的生成过程，本章初步提出我国聋儿家庭抗逆力生成的微观模型，为进一步建构中观和宏观模型奠定了基础。

第一节 研究背景和问题提出

一、研究背景

抗逆力（resilience），又译作韧性、复原力、心理弹性，意为个体抵抗逆境的能力（Garmezy，1985）。在个体，尤其是儿童的抗逆力形成过程中，家庭应对逆境的方式、过程和结果，对其当下和未来的适应及发展都有着巨大影响（Patterson，2002）。因此，家庭不能仅被看作个人抗逆力生成的风险性因素或保护性因素，还应被视为影响抗逆力生成的独立的功能实体而加以研究（冯跃，2014）。

已有家庭抗逆力定义包括：①家庭抗逆力是一种适应方式，指家庭成员面对压力时的适应及转变过程（Hawley，1996）；②家庭抗逆力是保护性因素之一，既能保护家庭成员从伤害中痊愈，又能帮助作为功能性实体的家庭尽快从危机中恢复（McCubbin，1983）；③家庭抗逆力是家庭在危机中发展出的能力，包括危机承受能力、挑战能力和自我修复能力等（Walsh，2002）。

本研究参考我国学者朱眉华的观点，她认为家庭抗逆力既是一个动态的生成过程，又是一种静态的能力（朱眉华，2013）。当家庭面临困境时，家庭成员通过各种方式处理困境的过程是家庭抗逆力；在这个过程中，家庭成员生成的各种能力的合力也是家庭抗逆力。从这个角度来说，任何面临困境但仍然携手前行的家庭都具备家庭抗逆力，只是有的家庭刚开始处理困境，无暇他顾；有的家庭在这个过程中前行已久，有余力回头对自己已生成的家庭抗逆力和生成过程进行检视。

特殊需要儿童的诞生对一个家庭而言无疑是一个需要长期面临的困境。养育特殊需要儿童会给家庭带来巨大的冲击和持续的压力，不少家庭因为抵抗不住冲击和压力而分崩离析，但也有家庭通过积极的适应和改变，与压力和谐相处，甚至将压力视为家庭健康发展的动力，在与压力相伴前行的过程中生成家庭抗逆力（Judge，1998）。本研究以一个养育听力障碍儿童，并在其养育过程中生成抗逆力的家庭（具体选取标准后文详述）作为研究对象，对其家庭抗逆力的生成过程进行探寻，为更多刚面临困境或在困境中挣扎已久尚无方向的聋儿家庭提供一些借鉴。

二、提出问题

本研究拟参考美国心理学家 Walsh（2002）提出的"家庭抗逆力关键因素模型"（Family Resilience Key Factors Models）构建研究理论框架。Walsh 从优势角度考虑家庭的潜能和资源，将生成家庭抗逆力的关键因素总结为家庭信念系统、家庭组织模式和家庭沟通过程，每一个关键因素下又包括几个具体的因素（见图2-1）。不同类型、不同地区、面临不同危机的大部分家庭都可以从这三个因素入手，通过重建信念、调整模式和维持沟通来解决问题，强化家庭力量，生成家庭抗逆力（Walsh，2013）。

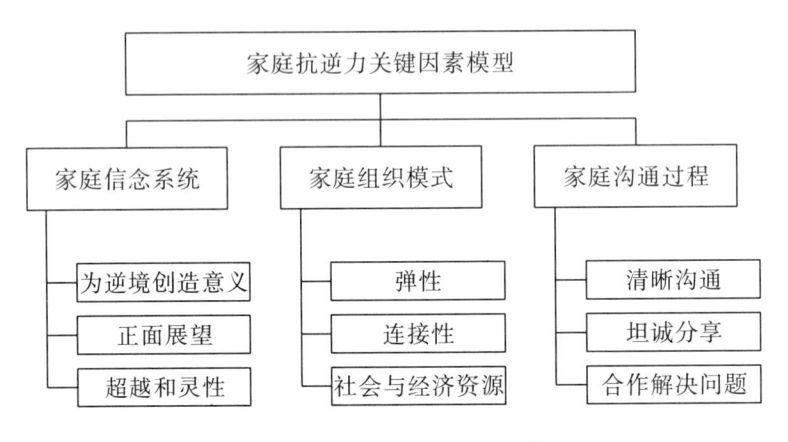

图 2-1　家庭抗逆力关键因素模型

以上述模型为理论框架，本研究拟通过深描研究对象在家庭信念系统、家庭组织模式和家庭沟通过程方面做出的改变来回答研究问题：聋儿家庭的家庭抗逆力是如何生成的？

第二节　研究方法

一、研究对象的选择

本研究的重点在于选择合适的研究对象。笔者综合使用问卷评量、教师推荐和研究者观察三种方式，确定选取的研究对象已具备家庭抗逆力。笔者以S省C市某言语训练中心为研究场所，该中心招生规模居全市之首，可选择家庭数量为50~60个。

首先，笔者向中心所有聋儿家庭发放Trivette（1990）等联合编制的"家庭功能类型量表"（Family Functioning Style Scale）（研究者自译）。该量表包含 25 个问题，由一个或多个家庭成员作答，用于了解家庭的价值观、问题解决策略、家庭赏罚和资源动员等内容，是目前已有家庭功能量表中内容最为全面，且唯一将特殊需要儿童引入常模的量表。但该量表尚无国内修订版，笔者在此处使用，仅为达到初步筛查的目的。评量结果显示有 5 个家庭得分符合"健康家庭"的标准，笔者据此初步判断其具备家庭抗逆力。

其次，笔者向中心教师简要介绍家庭抗逆力含义，并请教师商议后口头推荐 5 个可能具备家庭抗逆力的家庭，推荐结果和量表筛选结果完全一致。

最后，根据问卷评量和教师推荐结果，笔者对这 5 个家庭展开近 1 年（每周观察 1 天，约 6 小时）的观察和记录（收集整理观察记录约 5 万字），观察内容包括幼儿语言能力、幼儿社会交往能力、家长对待幼儿态度、家长对待教师态度、家长应对幼儿受伤等突发事件的方法、家长参与训练中心活动程度等。同时把握家长接送孩子的机会，基于当下情境随机与 5 个家庭进行非正式访谈，访谈内容包括"孩子最近有何进步""养育心态有何变化"等。访谈结束后当日及时整理为文字，每个家庭平均接受非正式访谈 10 次，共收集非正式访谈记录约 8000 字。综合以上观察和访谈记录，从 5 个家庭中筛选出修复能力最强、最能为聋幼儿提供强有力保护的 1 个家庭作为本研究的研究对象（研究对象基本信息见表 2-1）。

表 2-1 研究对象基本信息

家庭基本结构	一家三口，育有一子					
父亲职业	C 市某事业单位职工		母亲职业		C 市城南普通小学语文教师	
儿童姓名	乐乐	儿童性别	男	儿童年龄	5 岁	儿童社会身份	城北某普通幼儿园大班学生
儿童残疾类型	先天性重度感音神经性聋（左耳 120dB，右耳 110dB）					
儿童医疗教育背景	1 岁：确诊听力损失 1 岁半：植入人工耳蜗 2~3 岁：C 市某听力康复中心接受言语训练 3 岁至今：就读于城北普通幼儿园					
家庭居住空间	居住于城北（与爷爷奶奶家居于同一小区）					

二、资料收集的方法

本研究使用质性研究中的个案研究法作为研究方法，研究资料通过访谈法收集，除使用上述非正式访谈零散了解研究对象养育经验外，完整的家庭抗逆力生成过程主要通过正式访谈进行全面和深入的了解。正式访谈在语言训练中心的个训教室内进行，访谈环境安静、私密。访谈当日，爸爸和妈妈共同接受了访谈，访谈时间持续约 2 个小时。笔者以"您认为哪些因素帮助孩子获得了成功"这一问题为主线，辅以对部分回答的追问。问题提出后，爸爸和妈妈共同回答，回答过程中双方轮流主导、相互补充，发言时间相近。访谈全程录音，笔者完成录音转写后，将文本交由访谈对象复核，并通过微信语音，对访谈中部分细节进行追问，最终整理成 15000 余字正式访谈文字稿。在前期确定研究对象的过程中，非正式访谈记录、听障幼儿观察记录、家长微信群中的聊天记录以及笔者和教师的交谈内容，均可与访谈结果进行交互验证，确保研究资料的真实性。

三、资料分析的方法

本研究具有一定的特殊性：第一，鉴于研究对象选取的复杂性和漫长性，最终确定的研究个案仅为 1 个家庭；第二，研究目的在于借助已有理论对家庭内部抗逆力生成的具体过程进行深描，无意发展新的理论。因此，在资料分析路径上，本研究使用修正的分析归纳法（Revised Analytic Induction）（林小英，2015），即使用上文所述模型作为资料分析的基本框架，从家庭信念系统、家庭组织模式和家庭沟通过程三个方面入手，对资料进行登录和分析。分析资料的主体是访谈文字稿，观察记录主要用于交叉验证。

第三节 研究结果

一、家庭信念系统

信念系统是所有家庭功能的核心，是培养抗逆力的强大力量。涵盖价值观、态度、偏见和假设的信念系统不仅会影响家庭成员的情感，还会进一步控制他们的决定和行动（Walsh，2013）。因此，积极乐观的信念会激发家庭应对危机的力量。同样，具有抗逆力的家庭在回顾创伤时，不仅会诉说痛苦，也会讲述有关毅力、勇气和征服的故事。

（一）保持正常生活统合感："你不能倒，你倒了娃娃就倒了"

聋儿的出生会为一个家庭带来巨大的冲击。在经历否定、绝望、自责后，家长是否能积极调整、积极接受，决定了家庭是否能为儿童提供强有力的保护。

我们这种家庭一开始也很难熬，但你不能倒，你倒了娃娃就倒了。【妈妈】[①]

这种"不能倒"的信念，爸爸妈妈通过"正常化"来传递。
首先是面对小朋友时不避讳。

先把自己心态调整好，给娃娃的一种感觉是，你是正常的。比如他去年问我，为什么妈妈没有小耳朵，我就说妈妈有眼镜，你没有眼镜啊。至少他那个时候能意识到，人与人之间是不一样的，我们各有特

[①] 本书楷体内容为访谈对象的原话，方括号内标注不同访谈对象，圆括号内的内容为笔者根据前后语境对访谈对象原话的补充或修订。

色。【妈妈】

> 你给他这么引导了之后，他会觉得，我只是和别人不一样，但是我能够和别人做得一样好。【爸爸】

其次是面对爷爷奶奶不悲观。

> 奶奶比较悲观，想事情容易朝最坏的方面去想，但是我们从来没有表现出来过。每天回家吃饭都表现得很正常。【爸爸】
> 我们只要做好了，老人也不容易陷到那种情绪中去。【妈妈】

最后是面对外人不回避。

> 不要去回避这个东西，别人会问这个（耳蜗）是什么，我们就很大方地告诉人家。【妈妈】

（二）积极肯定自身优势："她很有能力，我也很有能力"

在爸爸和妈妈能够共同构筑家庭"正常化"信念的背后，是两人对自己应对危机能力的积极肯定。

> 我们两个这方面能力还是比较强，她的能力也比较强，我的能力也比较强，做很多事也很果断，发现问题马上就采取措施，马上就做手术，就不能再耽误了。【爸爸】

在应对危机的过程中，他们体现出的自身优势包括：

第一，独立且迅速地决策。

> 从签合同，到耳蜗公司，就是一个星期马上就决定了。所有的事情都是我们俩把它弄下来的。【爸爸】

第二，完整全面地了解信息。

> 虽然我做决定很快，但那段时间我至少见了5个在A医院做（耳

蜗植入手术）的娃娃，然后还去各个（耳蜗）公司做了比较。【妈妈】

最后，值得一提的是，作为双职工家庭，他们将自己没有因私事耽误公事也视为有能力的表现之一。

（我们）上班的上班，也没有请假，下班再看好多资料，包括请哪位医生做（手术），我们了解了很多。【妈妈】

爸爸妈妈持有的"我有能力"的信念支撑着他们应对危机，危机被顺利克服的事实反过来又强化了他们对自己能力的肯定。一系列围绕危机应对方式的回忆，帮助他们再次梳理了家庭成员具备的潜能和优势。

（三）建立对子女的积极期望："我孩子以后比他好"

聋儿的出生不仅会给一个家庭带来瞬时冲击，还会因时间和金钱的付出对家庭产生持续性压力。本研究中的爸爸妈妈不仅有条不紊地应对了确诊的危机，还在后期养育过程中成功营造出"正常化"的氛围，这些积极结果来源于双方共同的信念：我孩子以后不比别人差。

爸爸的信念产生于聋儿内部的横向比较结果。

有一段时间在康复医院，每天接送孩子的时候经过脑瘫中心，看到娃娃那个样子太可怜了。看我的孩子只是听不到，每天一跳一跳的，心里一下子觉得还是比较幸运，不幸中的万幸。【爸爸】

耳聋只要后天努力赶上来了就没有什么区别。（戴耳蜗）就和戴眼镜一样的。只是要多花些钱，这些都不是问题。【爸爸】

妈妈本身作为一名教育工作者，拥有更多可比较的对象。因此她跳出聋儿群体，在与普通儿童比较的过程中得出"我孩子以后比他强"的结论。

我们班有个娃娃，他现在三年级，应用题都读不懂。所以我想的是我孩子以后比他好嘛。他妈妈一说到他成绩就要哭的，我想我以后不至于说到我的小孩要哭嘛。【妈妈】

通过"比上不足，比下有余"的方式建立起"孩子不差"的信念，是父母寻找到的缓解持续性压力的有效方式之一。

二、家庭组织模式

家庭组织模式，又称结构模式或运作模式，是减少危机冲击的缓冲器。在压力来临时，具备抗逆力的家庭会动员并组织自身的资源，并且根据具体情况灵活地调整组织，来处理短期的危机或长期的逆境（Walsh，2013）。本研究中的家庭，在正面的家庭信念影响下，通过积极调整家庭运作模式，来应对养育聋儿的持续压力。

（一）厘清原生家庭和核心家庭职责："小娃娃不要给爷爷奶奶带"

在没有生孩子前，这个家庭预想的组织模式是"爸爸妈妈只管生，孩子由爷爷奶奶带"。

> 生他的时候是我们感情最好的时候，家里老人就催生，说你们只管生，其他的不操心。【爸爸】

但孩子的特殊生理状况和由此带来的养育观念差异，让夫妻二人觉得"只管生，不管养"的做法不妥。

> 爷爷奶奶没有什么教育期望，就是长得白白胖胖的。奶奶每天最操心的是孩子今天有没有吃饱。我们有时候批评孩子，爷爷就说他是残疾娃娃，没有必要严格要求。这些完全是错的。【爸爸】

通过双方沟通和向朋友请教，他们摸索出了有界限又有弹性的家庭组织模式。

首先是在地理空间上制造"亲密的距离"。

> 我们现在是每天下班后把孩子接回爷爷奶奶家吃饭，吃完晚饭再回

自己家。【妈妈】

其次是明晰核心家庭和原生家庭的分工。

> 在教育上，不要和爷爷奶奶争，自己按照自己的方法多花点时间去教他就可以。小娃娃不要给爷爷奶奶带，有时候自己有点事，帮忙带一下可以，但不能长期让他们带。【爸爸】
>
> 双职工家庭没有办法，有时候还是需要老人帮忙，但教育只有我们自己做，所以我们俩才花那么多时间（在孩子身上）。【妈妈】

重新调整后的运作模式，既能明确不同家庭成员的职责，又能获得各方给予的支持。

（二）划分有弹性的双薪家庭分工："妈妈管教育，我们打配合"

除明晰核心家庭和原生家庭的界限外，在核心家庭内部，爸爸和妈妈也有明确的责任分工。因为妈妈本身是教育工作者，具备更丰富的理论知识和实践经验，所以教育主要由妈妈负责。

> 教育主要是妈妈在管，我们配合。娃娃教育上基本没有矛盾，因为妈妈教得很好，确实教得很好。【爸爸】

但笔者在访谈和观察中发现，爸爸在妈妈的指导下掌握了大量科学育儿方法[①]，并且常常在家长微信群中积极参与育儿技巧讨论，还和妈妈轮流承担接送孩子的任务。爸爸口中的"打配合"其实已经达到"共同参与"的水平。妈妈也非常认同爸爸的参与。

> 他真的做得很好。有时候我真的很忙，有时出去培训、出差，基本上是爸爸在带。【妈妈】

---

① 爸爸在访谈中非常详细地描述了在家中与孩子沟通和互动的方法，笔者也在平时的观察中记录了相当数量的案例，但限于文章篇幅，此部分有所删减。

> 只要有时间，只要自己没有特别重要的事情，都会接送孩子、带孩子。【爸爸】

在询问如何形成这种分工模式时，妈妈认为"双薪"家庭是主要原因，并且认为双薪对家庭关系建构是一种促进而不是阻碍。

> 如果妈妈不上班，爸爸就不会参与，他会想反正你在家里带孩子，那我就全心全意工作。他没有参与机会，所以他也做不到很好。【妈妈】

在核心家庭的运作中，这对父母跳出了刻板的性别分工，在建立清晰分工的同时，又保持了一定弹性，因此可以在持续压力下仍然保持良好的伴侣关系。

（三）拓展家庭社会资源：妈妈是老师

功能良好的家庭善于挖掘自身及社会网络中的优势和资源。对本研究中的家庭而言，他们最大限度地发挥了"妈妈是教师"这一优势。首先，丰富的教育经验让家庭能够妥善应对孩子在不同年龄段的不同表现，对他们而言，养育孩子不是压力，而是乐趣。

> 我自己教书，在教育方面有一些基础。他什么时候能达到什么水平，心里比较清楚，所以心态也比较好。【妈妈】
>
> 娃娃的需求是什么，站在他的角度看问题是最重要的。【妈妈】

其次，妈妈在教育领域的资源也为聋幼儿提供了融合的环境，在很大程度上缓解了特殊需要儿童家庭普遍具有的焦虑。

> 我任职的学校也有三个耳聋娃娃。他以后也不会感到孤单。【妈妈】
>
> 如果没有太大变故的话，娃娃肯定会在我（教书）的学校读书。【妈妈】

最后，妈妈的职业还在一定程度上发挥了"合理化"的作用。在没有家族遗传、检查也很仔细的背景下，妈妈将可能导致孩子先天耳聋的原因归结到自己职业上。

> 有可能是怀孕的时候外部环境太闹了,三、四年级的小朋友是最闹的。他(孩子)在肚子里高分贝的东西听多了,觉得自己听得到了,后期就停止发育了。【妈妈】

虽然仅为推测,对这对父母来说,这是有可能的原因,但又不可避免。这种归因在一定程度上减轻了父母自责、愧疚和埋怨的心理。

三、家庭沟通过程

如果说危机来临时,家庭信念系统和家庭组织模式决定了一个家庭是否能生成家庭抗逆力,家庭沟通过程则决定家庭抗逆力能否长期维持。家庭成员之间清晰的沟通、坦诚的情绪表达,以及以合作的解决问题的态度,是维持并增强家庭抗逆力的三大途径(Walsh, 2013)。子女生病、去世等变故常会引起夫妻之间相互指责、相互攻击,继而导致家庭分崩离析。本研究中的父母则选择了沟通和合作,携手走上治愈之旅。

(一)以爱之名携手前行:"我们俩感情很好"

感情好,是这对夫妻最突出的标签。训练中心的教师和家长在提到他俩时,均表示要将其作为榜样学习。笔者在将近一年的观察中,参与多次语言训练中心的培训和讲座,每次夫妻俩都"同出同进"。笔者通过与他们的交谈和其微信朋友圈发布的内容也得知他们一家三口在空闲时间经常结伴出游。

> 我们只要一有时间,就带孩子出去玩,很少闷在家里。【爸爸】

但回忆婚姻历程,妈妈也坦诚曾经有过低谷期。

> 我们俩本来感情很好,孩子出生以后陷入了低谷。我产后抑郁了,他(爸爸)也抑郁了。【妈妈】
>
> 但抑郁跟娃娃的耳朵没有关系,就是生活变化大。【爸爸】

孩子的耳朵问题没有引起父母之间的矛盾，反而成为他们感情调节的契机。

> 孩子的出生和我们俩的感情相辅相成的，没有这个娃娃，我们俩肯定还是有很多矛盾的。我们就觉得大风大浪都过了，其他的（矛盾）都不算什么了。【妈妈】

在大部分家庭中，聋儿的出生是影响夫妻关系的主要矛盾之一。但这对夫妻转换思路，以爱为基础，通过前文提到的共同联系手术、分工养育孩子等合作方式，将阻碍变成了促进感情的因素。

（二）坦诚地自责与揽责："还是怪我"

在和谐、安全的家庭氛围中，夫妻双方也能够坦诚地表达内心情感。

> 当时（孩子）出生后是检查出来了，但是我们没在意。【爸爸】
> 还是怪我，我当时就觉得娃娃没问题，很自信。【妈妈】
> 她（妈妈）当时就很自信说没有问题，不然的话耳蜗至少要早做半年以上。不过当时也是恼火，要给孩子灌安眠药，吃了药又吐，我们也不想去（做手术）。【爸爸】

在检视危机发生时，一方能坦然承认自己的过失；另一方也没有一味指责，能够完整考虑其他影响因素。这种良性沟通，让他们把孩子后续接受语言训练、进入普通学校、顺利择业求偶等漫长的过程视为共同挑战，而非一个人承受的重担。

第四节　结论和讨论

个案中的父母在遭遇子女听力障碍的危机后，逐渐树立"我不能倒""我们很有能力"和"我的孩子以后比他好"的积极信念，并在积极信念强有力的支撑下，通过良性、坦诚的沟通，向内重塑家庭成员分工，向外拓展家庭社会资源，一路行走，一路探索，最终生成专属于自己的家庭抗逆力。本研究把这些过程放置于家庭抗逆力关键因素模型之下，明晰聋儿家庭抗逆力生成过程（见图2-2）。

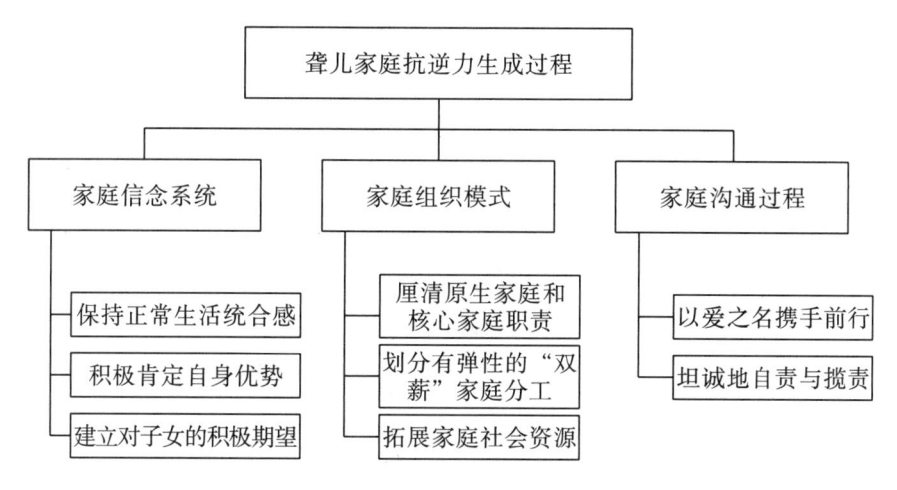

```
                    聋儿家庭抗逆力生成过程
         ┌─────────────────┼─────────────────┐
    家庭信念系统        家庭组织模式        家庭沟通过程
    ┌──────────┐      ┌──────────┐      ┌──────────┐
    │保持正常生活│      │厘清原生家庭│      │以爱之名携手│
    │  统合感  │      │和核心家庭职│      │  前行    │
    │          │      │    责    │      │          │
    ├──────────┤      ├──────────┤      ├──────────┤
    │积极肯定自│      │划分有弹性的│      │坦诚地自责│
    │身优势    │      │"双薪"家庭 │      │与揽责    │
    │          │      │分工      │      │          │
    ├──────────┤      ├──────────┤      └──────────┘
    │建立对子女│      │拓展家庭社会│
    │的积极期望│      │资源      │
    └──────────┘      └──────────┘
```

图2-2 聋儿家庭抗逆力生成过程

在现实情境中，家庭抗逆力生成的关键因素和过程变得更加具体，但并没有超越三大关键因素的范围。这一方面说明Walsh提出的家庭抗逆力关键因素模型理论解释力强大；另一方面说明在未来研究中还有丰富研究个案，进一步验证理论的必要。

由于每个家庭的文化、价值观、经济基础、社会网络等千差万别，个案家庭的成功经验也很难被复制。不是每一个家庭都有一位教育经验丰富的妈妈，也不是每一个家庭都需要和原生家庭分离。家庭抗逆力的生成需基于各个家庭的实际情况，既共享某些关键过程，又允许差异的存在。比如有些家庭亟需确立核心家庭界限，但对有些家庭而言，庞大的家庭网络反而是支持；有些家庭认为"双薪"带来了好处，但对有些家庭而言，母亲长时间的陪伴更能促进子女的成长。每一个拥有聋儿的家庭都可以基于自己的家庭结构、生活模式、经济水平、社会网络等现实条件，找到专属自己的优势和资源，通过家庭信念系统、家庭组织模式和家庭沟通过程的解构与重塑，生成抵抗逆境的能力，为孩子提供强有力的保护。

第五节　研究反思

家庭抗逆力研究常应用于家庭治疗和社会工作领域（纪文晓，2015），本研究试图将其与特殊教育结合，分析一个聋儿家庭的抗逆力生成关键过程。为保证研究对象选取合理、研究数据来源真实，该研究持续时间近一年，经教师和其他家庭的共同推荐、笔者施测和观察，最终选定符合研究意义上的"健康家庭"的对象进行研究，并通过家长、教师、儿童表现、笔者观察等多方互证，保证数据的真实性。但研究对象选取的复杂性限制了研究的规模，本研究仅涉及1个聋儿家庭，且将聋儿家庭限定为养育植入人工耳蜗幼儿的听人家庭，对个体的成功定义为"顺利进入普通幼儿园"。对养育未植入人工耳蜗的听障儿童的听人家庭和父母也为聋人的聋儿家庭而言，对个体成功的定义又有巨大差异。因此，在今后的研究中，还应增加聋儿家庭的数量，扩展特殊需要儿童的类别，挖掘并比较不同类别特殊需要儿童家庭的优势，为更多家庭提供借鉴。

第六节　本章小结

本章通过问卷测量、教师推荐和笔者观察三种途径，耗时一年，筛选出一个学术意义上的"健康聋儿家庭"作为研究对象，以正式和非正式访谈、参与和非参与式观察，以及实物分析等方式进行资料分析，对该家庭经历"儿童出生耳聋"这一重大家庭危机前后的家庭运作过程进行了深描。正式访谈完成后，笔者还针对观察和访谈过程中的细节，撰写了访谈小记，发布于公众号"小刘老师"上，引发了读者的共鸣（访谈小记全文见附录一）。

研究发现，聋儿家庭抗逆力的生成需要多方面的调整和协同运作，具体而言，该家庭的调整路径包括家庭信念系统、家庭组织模式和家庭沟通过程，其中起到关键影响的家庭信念系统为：保持正常生活统合感、积极肯定自身优势和建立对子女的积极期望,重要的家庭组织模式包括厘清原生家庭和核心家庭职责、划分有弹性的"双薪"家庭分工和拓展家庭社会资源,核心的家庭沟通过程包括以爱之名携手前行和坦诚地自责与揽责。以此研究结果为基础,本研究得出该聋儿家庭抗逆力生成的微观模型,呼吁其他聋儿家庭和其他类别特殊需要儿童家庭以此为理想框架,基于自身家庭优势,对家庭的信念系统、组织模式和沟通过程进行审视,探寻独属于自身的家庭抗逆力生成路径。

但从"探究我国聋儿家庭抗逆力生成过程"的研究问题出发,本阶段研究尚存局限,主要体现在以下几个方面:第一,研究家庭数量较少,且家庭具有"双亲""城市""双职工"等健康家庭的典型性,忽略了其他多种风险叠加的高危家庭的特殊性,适用范围较窄。第二,研究周期较短,从家庭生命周期角度分析,每个家庭都处于动态发展的过程之中,新的周期可能会有新的风险出现。但本研究只关注了"儿童耳聋"这一单一风险因素,并未将随着儿童成长可能出现的儿童社交、学业等方面的潜在风险因素考虑在内。第三,本书提出的模型具有相当的微观性,尚未上升到中观层面,模型的普遍适用性有待提高,对我国家庭本土特色的挖掘还有待进一步深入。

基于上述不足,在下一章中,笔者将继续以该家庭为研究对象,对其展开为期三年的追踪叙事研究,对该家庭在新的生命周期内面临的风险及应对风险的能力进行深描,提出更具适用性及本土特色的我国聋儿家庭抗逆力生成模型。

第三章 一个健康聋儿家庭的故事：小学段家庭抗逆力再生成

本章以一个植入人工耳蜗的聋儿家庭为研究对象，基于 Walsh 的家庭抗逆力关键过程模型理论，采用叙事探究法，对其小学段家庭抗逆力再生成过程进行追踪研究。本章共七节：第一节为问题提出；第二节为理论基础；第三节为研究方法，介绍研究对象的选择、研究数据的收集和研究数据的分析；第四节分五个主题、图景式呈现叙事研究结果；第五节为结论和讨论，结合已有文献和理论对研究结果进行深入讨论和分析，提出我国聋儿家庭抗逆力生成模型；第六节为启示和展望；第七节为本章小结。

第一节 问题提出

在早期的一些文学作品和学术研究成果中，不少特殊需要儿童家庭常常以悲惨的形象出现在公众视野，被动接受他者同情、怜悯的目光。20 世纪 90 年代，随着积极心理学的盛行，以优势角度看待特殊需要儿童家庭的呼声渐高，以家庭抗逆力为研究主题，论证特殊需要儿童家长可以积极面对儿童残疾、就医、入学等挑战的学术研究陆续出现，特殊需要儿童家庭得以向世人展现出真实的镜像自我。

国外学者主要围绕家庭抗逆力"何谓生成"与"如何生成"两大主题展开相关研究。已生成家庭抗逆力的特殊需要儿童家庭大都具备一些重要特质，如成员团结、需求明确、心态乐观、沟通无碍、专业合作、资源整合等

(Patterson，1991；Bayat，2007；Knestric，2009；Tkach，2020）。尚未生成抗逆力的家庭，则可通过家庭叙事、实验干预等方式，实现家庭整体能力的提升（Walsh，2016）。

在家庭抗逆力概念的迁移使用过程中，我国学者做出了诸多本土性的探索，如以脑瘫儿童家庭为例，提出家庭逆境若与家庭文化相契，更易生成家庭抗逆力（冯跃，2018）；以温润的民族文化为底蕴，民族地区残障儿童家庭具有更高的凝聚力（张玲，2021）等。也有学者尝试使用小组工作的方法，对我国孤独症儿童家庭开展抗逆力提升实践（华红琴，2019）。

国内外特殊需要儿童家庭抗逆力相关研究成果虽在短短三十余年内迅速增多，但大多集中于特质、影响因素和干预实践三方面，对家庭抗逆力的动态生成过程讨论较少。为数不多的过程性研究多从社会工作角度展开，缺少对特殊需要儿童家庭教育生态图景进行深描（夏少琼，2014；李东卉，2018）。此外，现有研究对象多集中于发展性障碍儿童家庭，鲜见其他类别特殊需要儿童家庭。

笔者曾于几年前以一个学前段植入人工耳蜗儿童家庭为研究对象，对其家庭抗逆力生成的关键过程进行检视，研究结果表明，可通过重塑家庭信念系统、调整家庭组织模式和促进家庭沟通过程三大路径，帮助聋儿家庭缓解压力、重拾信心，实现家庭抗逆力的初生成。但已有研究表明，即使植入人工耳蜗儿童已具有学前阶段融合教育的成功经验，进入小学段后也有较大风险面临学业失败和人际交往受挫（Marschark，2012）。新的风险可能会给儿童的情绪、行为和自我认同带来负面影响，进而影响儿童个体背后的整体家庭生态，让本已具备一定风险抵抗能力的家庭重新陷入危机和混乱。

三年之后，从幼儿园迈入小学的植入人工耳蜗儿童是否仍旧适应良好？是否遭遇已有文献提出的学业和人际交往双重挑战？面对新的挑战，家庭整体单元如何调整和适应？过往家庭抗逆力的生成经验是否仍旧适用？鉴于国内外已有研究在研究对象（针对植入人工耳蜗儿童家庭的研究较少）和研究设计（针对家庭抗逆力开展的追踪性研究较少）上的不足，本章仍以该植入人工耳蜗儿童家庭为研究对象，以"家庭抗逆力如何再生成"为研究问题，对植入人工耳蜗儿童进入小学后，整个家庭遭遇全新压力、面对压力迅速调整、尝试再度生成家庭抗逆力的全过程进行深描，可为其他面临转衔挑战的家庭提供经验借鉴，也可进一步丰富家庭抗逆力领域的追踪性研究。

第二节　理论基础

20世纪末期，芝加哥大学的Walsh教授提出家庭抗逆力关键因素模型。在该模型中，Walsh（2002）强调了家庭面临的压力、家庭所处的环境和家庭在不同阶段的变化。她认为家庭抗逆力生成于家庭成员之间的互动和循环过程之中，并随着时间推移不断发展和变化。Walsh将家庭抗逆力生成的关键因素概括为三个维度：家庭信念系统、家庭组织模式和家庭沟通过程。家庭信念帮助家庭成员理解逆境的意义，是生成抗逆力的核心；家庭组织模式通过重整家庭内部结构、联结感和社会资源，为抵御危机提供缓冲；家庭沟通鼓励家庭成员之间坦诚表达情绪和合作解决问题，以维持抗逆力的稳定和延续（Walsh，2016）。该模型能反映出家庭发展的动态历程，且适用于不同地区、不同结构和不同危机情境下的大部分家庭，因此被大量应用于疾病、残障、失学等高风险儿童的家庭干预中。

从其动态性和广泛适用性出发，该理论框架有利于对聋儿家庭不同时期的抗逆力生成过程进行纵向对比分析。因此，本研究以Walsh提出的家庭抗逆力关键因素模型作为理论分析基础，搭建了具有理论延续性的研究框架（见图3-1），旨在在已探明学前段植入人工耳蜗儿童家庭压力事件及抗逆力生成过程的基础上，通过追踪叙事，进一步探寻新阶段该家庭面临的全新压力事件、应对过程和应对结果，揭示小学段植入人工耳蜗儿童家庭抗逆力再生成的具体过程及其特征。

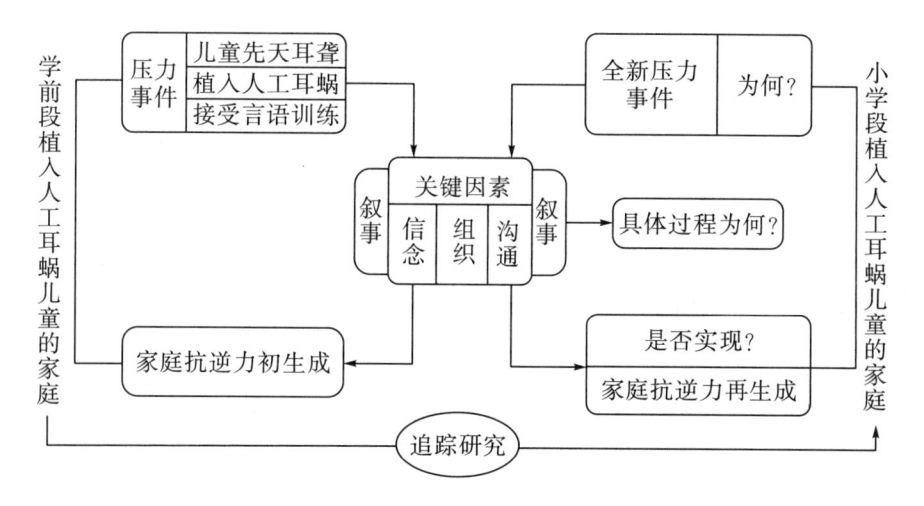

第三章 / 一个健康聋儿家庭的故事：小学段家庭抗逆力再生成

图 3-1 研究框架

第三节 研究方法

一、研究对象的选择

本研究为追踪研究，研究对象为某植入人工耳蜗儿童的家庭。该家庭在处理儿童确诊耳聋、植入人工耳蜗、言语能力提升、进入普通幼儿园等一系列挑战性事件的过程中实现了自我修复和成长，已经生成了较好的家庭抗逆力。时隔三年，该家庭儿童已完成转衔，进入普通小学接受融合教育，家庭面对的挑战性事件发生了重大改变。在确定该家庭已初步具备抗逆力生成潜能和资源的前提下，本次研究不再对其家庭抗逆力水平进行评估，而是重点关注其家庭抗逆力再生成的动力及过程。在上一章深描内容的基础上，该小学段植入人工耳蜗儿童的家庭的基本情况发生了一些新的变化，如表 3-1 所示。

表 3-1 研究对象小学段基本信息

家庭基本结构	一家三口，育有一子					
父亲职业	C市某事业单位职工		母亲职业		C市城南普通小学四年级语文教师	
儿童姓名	乐乐	儿童性别	男	儿童年龄	8岁	儿童社会身份	城南普通小学二年级学生
儿童残疾类型	先天性重度感音神经性聋（左耳120dB，右耳110dB）					
儿童医疗教育背景	1岁：确诊听力损失 1岁半：植入人工耳蜗 2~3岁：C市某听力康复中心接受言语训练 3~6岁：就读于城北普通幼儿园 6岁至今：就读于城南普通小学					
家庭居住空间	乐乐上小学前：居住于城北（与爷爷奶奶家居于同一小区） 乐乐上小学后：搬迁至城南普通小学附近（租房居住）					
已有家庭抗逆力生成经验	重塑家庭信念系统	保持正常生活统合感，积极肯定自身优势，建立对子女的积极期望				
	调整家庭组织模式	厘清原生家庭与和核心家庭职责，划分有弹性的"双薪"家庭分工，拓展家庭社会资源				
	促进家庭沟通过程	以爱之名携手前进，坦诚地自责与揽责				

二、研究数据的收集

本研究使用质性研究中的叙事探究（narrative inquiry），邀请该家庭的父母自由叙述儿童进入小学后所感受到的压力，以及为了应对压力所做出的努力。叙事探究是指研究者和参与者建立起亲密关系，进入参与者的生活中，倾听参与者的故事，双方共同讲述过往经验，并在讲述中共同创造出全新的生活（Clandinin，2015）。叙事可以让特殊需要儿童父母、少数族裔等边缘化人群发出自己的声音（Denzin，2019），通过"生活—讲述—重新讲述—重新生活"的自我建构，赋予生活经验新的意义（刘训华，2021）。本研究使用叙事探究，一方面可以让研究对象的讲述更富流畅性和情感性，帮助笔者更好地探寻故事中蕴含的经验和经验背后的意义；另一方面，便于研究者通过时间序列将故事重组，与偏重内容的单个静态故事相比更具动态性，更易体现家庭抗逆力的动态演变过程。

为进一步体现家庭抗逆力的动态生成过程，本研究将叙事过程分为初叙事、再叙事和再反馈三个阶段，每个阶段时间间隔为 2 个月，总时间跨度为半年。首先，在初叙事阶段，以"请讲讲孩子上小学之后的故事"为访叙事主题，邀请乐乐父母共同进行自由讲述，时长约为 3 小时。其次，在再叙事阶段，对乐乐父母进行回访，邀请其讲述过往数月中乐乐发生的新的变化，叙事时长为 2 小时。最后，在再反馈阶段，基于前两次叙事内容完成对叙事经验的整理和分析，形成叙事文本初稿，交给研究对象阅读，邀请其对文本内容进行修订和补充。历时半年的叙事历程共形成叙事文本约 5 万字，工作日志和反思笔记约 2 万字。

三、研究数据的分析

叙事探究通常采用"社会人类学"这一分析途径，分析的基本任务是"发现与阐释在某个情境中，人们用来理解、说明、从事，乃至于控制日常情况的各种方法"（Huberman，2008），即发现日常情境中研究参与者行为的意义和规律。因此，本研究使用主题分析法对研究数据进行分析，对研究对象的言语、行为、仪式、人际关系等方面的具体内容和特征进行聚类，以更好地揭示其在家庭抗逆力再生成过程中的行动动机和行动路径。其具体分析步骤为：第一，反复阅读研究数据，记录自然浮现的初始主题；第二，标记初始主题的特征和大致内容，对初始主题进行聚类，形成潜在的研究主题；第三，将潜在研究主题带回研究资料中，确认其是否能最大限度地覆盖研究资料；第四，将现实编码和理论编码进行对比，为初始主题进行重命名，形成正式的研究主题（Vaismoradi，2008）。经过上述分析步骤，本研究最终形成迎接新的挑战、重塑家庭信念、调整家庭组织、促进家庭沟通和挖掘家庭优势资源五个主题（见表 3-2）。

表 3-2 资料编码表

正式研究主题	潜在研究主题	初始主题
迎接新的挑战	学习困境	教学形式、教学节奏、学习习惯
	人际危机	运动项目受限、人际交往机会有限
	未知风险	身份认同、亲子关系危机
重塑家庭信念	直面压力	当前运动受限、未来社会竞争压力
	追求优秀	各方面优秀、同类相吸
调整家庭组织	家庭居住空间	举家搬迁、学习时间保障、健康保障
	家庭分工	核心家庭、父亲参与
	家庭常规	时间规划、日常作息
促进家庭沟通	沟通内容	打破禁忌、共同讨论
	沟通方式	文字记录、书面表达
挖掘家庭优势资源	个体教育经验	同事建议、因材施教、量力而行
	学校教育资源	课程资源、同事照拂、融合教育经验

第四节 研究结果

一、迎接新的挑战："万里长征才刚开始"

对聋儿个体而言，从幼儿园过渡到小学是一个巨大的挑战。乐乐初入幼儿园时，乐乐妈妈细数一路艰辛，感叹终于"重获新生"。三年后再见面，已是小学生家长的她连连摇头苦笑："进了小学才知道，万里长征才刚开始。"

长路始行的第一关，是乐乐对现有教学形式的不适应。初进小学，乐乐首先暴露的问题是"坐不住，纪律性差"（乐乐妈妈）。因为习惯了语训阶段一对一的授课方式，乐乐必须在教师高强度的关注下才能跟上教学节奏。幼儿园阶段教学规模小、教学形式灵活，乐乐尚能良好适应。但到了小学阶段，教学节奏陡然加快，"不再是老师讲一步，自己做一步，而是老师讲两三步，再让小朋友自己做"（乐乐妈妈）。习惯亦步亦趋的乐乐常常听到第一个指令就立即埋头执行，后续的教学内容自然而然被忽略。乐乐爸爸忧心忡忡地表示："这种学习状态会非常影响他的成绩，尤其是到了小学中高段。"

万里长征上的第二道关卡，是乐乐因佩戴人工耳蜗而遭遇的人际危机。随着教学环境的变化，人工耳蜗植入带来的运动受限问题也随之突显。猛烈的撞击会导致人工耳蜗体外装置损坏和体内装置位移，严重损坏或位移可能会引发二次手术（Berezon，2008）。

"我们认真考虑过，足球、篮球、武术、跆拳道、棒球这些对抗性强的运动统统不能参加。"（乐乐妈妈）乐乐可参与的体育项目所剩无几，唯有跳绳和跑步两项单人运动相对安全。从小爱好体育、习惯在运动中交友的爸爸对此不无担忧："课上不和同学一起上体育课，课下又不和同学一起运动，真的很难交到好朋友。"

小学阶段获得成功最重要的两块基石——学业适应和人际交往同时受挫，让乐乐父母陷入了严重的焦虑。与此同时，随着乐乐年龄的增长，其日常生活限制、未来社会压力、逐渐萌芽的身份认同问题、可能产生的亲子关系危机等，都成为整个家庭无法避免的话题。

二、重塑家庭信念："要足够优秀"

一个家庭如何看待问题和做出选择，决定了其是否能应对和掌控未来（Walsh，2013）。在学前阶段，乐乐妈妈始终强调佩戴人工耳蜗只是乐乐的一项"个人特色"，"和其他孩子一样"是一家人最朴素的心愿。然而，仅仅顺利习得口语并不意味着聋儿完全跻身普通儿童行列，这是随着植入人工耳蜗的儿童逐渐成长，家长们不得不承认的事实。乐乐的日常活动仍存在诸多限制，未来生存也面临沉重的社会压力。一方面，"因为戴耳蜗，现在很多事情他不能做"；另一方面，"（听障身份）给他未来求职就业设了一个很高的门槛"（乐乐妈妈）。

进入基础教育情境后的不适应，加之近忧远虑的冲击，让乐乐妈妈彻底意识到，仅仅追求"正常就好"不足以帮助乐乐走出困境。面对"前功尽弃"的可能，有的家长将过往努力全盘否定，有的家长则能辩证看待正常和特殊之间的关系，扬长避短（刘颖，2020）。对于性格底色是"不服输"的乐乐父母而言，新的压力直接转化成了新的动力，二人建立起将"扬长"发挥到极致的全新家庭信念。乐乐爸爸说道："乐乐该有的限制要承认，但限制之外的其他方面不能只做到和普通娃娃一样，而是要足够优秀！"竭力追求优秀之处，包括但不限于身体素质、运动能力、学习成绩、个人谈吐、见识经历等，更重要的是，"当你足够优秀了，优秀的人自然而然会来跟你做朋友，未来求学、就业、择偶自然会有更多更优选择"。（乐乐爸爸）

最初，努力追求正常，将个体排除于特殊群体之外，是乐乐一家在残疾污名化社会语境下自然而然生发的初始信念。后来，随着家庭所处危机情境的变化，家庭成员和整体单元的潜能被进一步激发，打破群际偏见成为新的家庭追求。为残疾赋予新的意义，是特殊需要儿童家庭抗逆力顺利生成的最重要的基础（Levine，2009）。从顺应到重塑，从禁锢到突破，乐乐一家在观念上率先实现了积极的自我建构，踏上家庭组织和沟通模式重建的自我增能之路。

三、调整家庭组织："提前准备，心里不慌"

家庭组织，又称为家庭结构，包含家庭运作必须包含的组织要素，如空间、环境、仪式、作息、成员分工等（Walsh，2013）。学前阶段，乐乐一家曾通过"代际合作"和"夫妻合作"的家庭组织方式，顺利渡过植入、语训和入园三个难关。进入小学后，在"追求优秀"的全新家庭信念引导下，乐乐一家迅速在居住空间、成员分工、生活规律等方面做出了调整。

首先做出改变的是家庭物理居住空间。从城北幼儿园到城南小学，乐乐上学时间大幅度增加，早起晚睡带来的精力损耗，让乐乐的课堂表现更加不容乐观。强撑一月后，乐乐妈妈迅速决定举家搬迁至城南。凭借着母亲和教师双重身份的敏感性，乐乐妈妈勇敢打破家庭原有生态空间，迈出了"孟母三迁"的第一步。而问及搬迁背后的人力、财力付出，她坚定地说："我们这才一迁，不算什么。只要对乐乐有好处，我们全家都没有怨言。"

家庭居住空间的变化也带来家庭分工和家庭日常规律的相应变化。一方面，乐乐一家搬离了与长辈比邻而居的小区，其家庭结构由跨代际模式转为基础的核心家庭模式，家庭分工面临重置。乐乐爸爸笑言，自从搬家后，自己的家庭地位直线上升，从过去的"辅助"变为如今的"主力"，背后付出了大量的时间和精力，比如参与上下学接送、作业辅导、亲子运动等。父亲参与能显著降低家庭焦虑水平，同时能增加家庭乐观程度和儿童适应水平，进而促进家庭抗逆力的生成（Cox，2021）。另一方面，在乐乐一家适应和摸索的过程中，新的家庭生活规律也逐渐被确定下来。基于"要足够优秀"的信念，乐乐一家的生活重心从上一阶段的"提升言语能力"切换为当下阶段的"夯实底层能力"，尝试通过每周固定的围棋、书法、画画等校外培训课程进一步提升乐乐的专注能力，拓宽其人际交往范围。"并不是要培养一个学霸，而是希望未来他能有更多选择的机会。"（乐乐妈妈）通过每日规律的校内学习和校外辅导，新的家庭仪式和日常作息被建立起来，乐乐一家焦虑的心境也在日复一日的寻常时光中慢慢改善。如乐乐妈妈所说："从进校到搬家再到选课，每一步都不容易，提前做好准备，心里才不慌。"

稳定的家庭结构和家庭作息，有助于维持一种连贯性，通过共同的传统和期望，把过去、现在和未来连接在一起（Walsh，2013）。从物理空间的迁移到心理空间的重构，乐乐一家再次从混乱走向有序，建立起稳定且具灵活性的全新家庭组织模式。

四、促进家庭沟通："乐乐想聊什么就聊什么"

如果说信念和组织模式决定了家庭抗逆力生成与否，沟通模式则决定了其是否能长期维持。乐乐一家过往只限夫妻之间亲密交流的家庭沟通模式也不再适用于新的问题，比如应对乐乐未来可能产生的身份认同危机。

以前我们对乐乐、对外界，一直强调他是正常的。现在他是小学生了，一方面不让他做很多事，一方面又让他学很多东西，肯定是有原因的。现在越遮遮掩掩，以后爆发的可能性就越大，尤其是在身份这个问题上。【乐乐妈妈】

身份认同是所有植入人工耳蜗个体必将面对的生命课题。生理属性为聋人，却长期使用口语，缺乏与聋人群体沟通和交往的基本技能；长期生活于以"听人文化"为主流的普通群体之中，却因自身生理条件屡遭歧视，无法顺利建立亲密关系。"两头不讨好"的尴尬境遇，往往让植入人工耳蜗个体发展为"边缘型自我认同"，这带给他们困惑、挣扎甚至痛苦的人生体验（张宁生，2009）。凭着多年养育听障儿童的经验，乐乐父母敏锐地意识到必须未雨绸缪，通过改善现有家庭沟通模式来化解乐乐的身份认同危机。从"不按成人预设去教训儿童，不按成人精神需要去利用儿童"（朱自强，2015）的儿童本位出发，乐乐父母确定了新的家庭沟通模式基调：

一切听乐乐的，他想聊什么就聊什么。【乐乐爸爸】

首先，在沟通内容上，耳聋、人工耳蜗、手语、聋人等词汇不再是家中禁忌，而是可以被随意提起、深入讨论的话题。在平时的阅读过程中，乐乐父母也会依着乐乐的思维，用浅显易懂的语言讲解"特殊"和"普通"之间的关系。

不管乐乐现在能不能理解，但起码可以让他提前有个心理准备，知道人和人之间是肯定不一样的。【乐乐爸爸】

其次，在沟通方式上，当情感浓郁到无法用言语叙说时，乐乐妈妈会选择用文字表达出来。每逢纪念日或乐乐生日，她都会写一首小诗，既记录乐乐的点滴成长，也为未来可能来临的亲子关系危机等问题做好准备。

等乐乐再大一点，他可能会问我，为什么别人听得见而他听不见，为什么我没给他健康的身体。那时我就把这些信给他看，他说不定能理解，也能看到我们一路走来的心路历程和付出。【乐乐妈妈】

通过鼓励所有家庭成员参与谈话、提供开放式的家庭讨论话题，以及家庭成员之间坦诚地分享情绪和感受，可以直接提升植入人工耳蜗儿童家庭的抗逆力水平（Ramadhana，2021）。

五、挖掘家庭优势资源："幸好妈妈是老师"

从幼儿园到小学，从"重获新生"到"长路始行"，漫漫数年光阴里，乐乐一家在信念、组织模式和沟通方式上积极求变，唯有对妈妈身为教师的庆幸和感激始终如一。一句"幸好妈妈是老师"在叙事过程中被反复提起，言语背后有对教师职业时间灵活、收入稳定等物质资本的满足，对师者善教、子女受益的文化资本的肯定，更有发现其社会资本可持续挖掘利用的欣喜。在乐乐一家逆风前行的路上，母亲的教师职业发挥了莫大的作用，乐乐一家对这一优势资源的持续挖掘和利用也成为其抗逆力再生成过程中一抹不容忽视的亮色，值得细说。

首先，是对个体教育经验的迁移观照。在乐乐进入母亲任教的普通学校就读后，乐乐一家还未走出顺利入学的喜悦，乐乐初入小学的严重不适就给了乐乐父母当头一棒。身为教师的职业敏感度和来自学校同事的积极反馈，让乐乐妈妈迅速从"打蒙了"的状态中调整过来，在紧追"打好底层能力"教育目标的同时，顺应乐乐的性格特点，总结出一套行之有效的家庭教育方法。

> 我们的方法从过去的一味要求变为先顺着他，然后再拔高。比如作业辅导时给他信任完全不监督，完成基本任务后再由我检查。【乐乐妈妈】

乐乐妈妈一再强调追求优秀不等于培养学霸，小学低段的目标一定是打好基础。乐乐爸爸在旁感叹：

> 幸好妈妈是老师，其他戴耳蜗的娃娃上小学以后，家长肯定到现在还是蒙的，但是我们已经开始思考和调整了。

其次，是对教育和人脉资源的灵活取用。在学业规划上迅速做出反应的同时，教师职业背后丰富的教育和人脉资源，也帮助乐乐一家勇敢打破思维定式，迈出在集体活动中帮助乐乐发展友谊的第一步。比如借助学校课后服务机会，为乐乐选择了以往绝对不会考虑、"有点危险"的足球课。乐乐妈妈表示做出这一决定的原因有三：

> 第一是在校内学习，毕竟有我很熟悉的同事帮我看着点，我们放心很多；第二是足球运动可以帮助乐乐学会合作，交到好朋友；第三是我们希望他能在比赛中学会用平常心面对输赢，增加抵抗挫折的能力。

更加令人惊喜的是，依托学校教育资源，乐乐妈妈还获得了宝贵的融合教育经验：

> 今年我带的班上转来一位戴了人工耳蜗的女孩，从她身上我看到了这类孩子的局限性和可能性，也帮助我预见到乐乐未来几年在阅读、同伴关系上可能会遇到的坎。

特殊需要儿童的现实遭遇映射出特殊需要儿童未来成长可能遇到的问题。乐乐妈妈说道：

> 带乐乐就像不断过隧道，我们刚冲出第一个隧道，前面绝对还有很多隧道等着我们一起去过。

诸多研究成果已证明，充足的社会支持和丰富的社会资源是促成特殊需要儿童家庭抗逆力生成的重要因素之一（Mcconnell，2014），家长经由社会实践，可将这些资源激活并进一步转化为收益（拉鲁，2014）。通过对"妈妈是老师"这一家庭优势资源的充分挖掘和灵活调用，乐乐一家不仅勇于突破当前困境，呈现出明显的增能态势，面对未知风险，也生出几分从容应对的底气。

第五节 结论和讨论

本研究通过追踪性叙事探究发现，在整体框架上，Walsh 提出的家庭抗逆力关键过程模型能较好地解释植入人工耳蜗儿童家庭抗逆力的再生成过程。但在微观层面，还可对关键过程的动态运行机制和本土环境下优势资源的持续利用展开进一步讨论。基于此，本研究提出本土化的植入人工耳蜗儿童家庭抗逆力再生成模型（见图 3-2），深入剖析其逻辑机理及文化内涵。

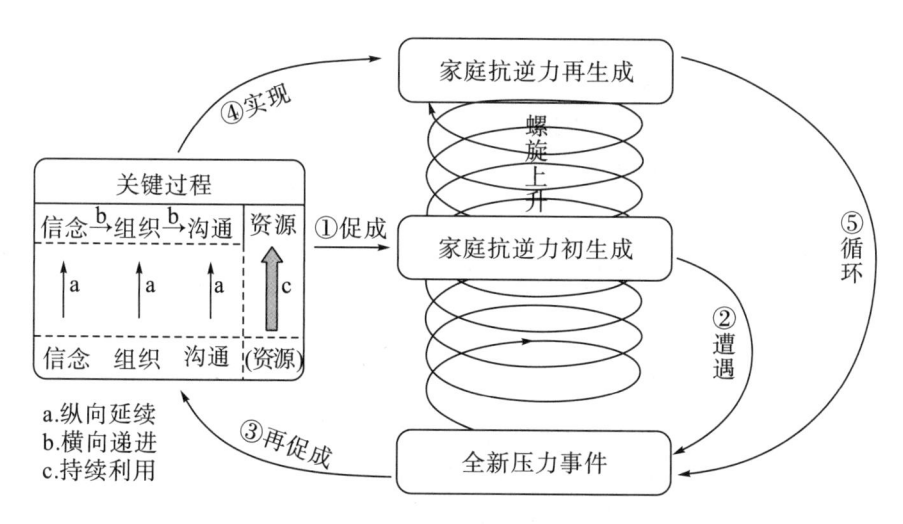

图 3-2 植入人工耳蜗儿童家庭抗逆力再生成模型

一、整体图景：循环往复实现增能

本研究以一个植入人工耳蜗儿童的家庭为研究对象，在探明儿童学前段已生成的家庭抗逆力的研究基础之上，对儿童初入小学后家庭重陷危机、积极调整、重寻家庭抗逆力的动态过程进行追踪研究。在经历一系列摸索和调整后，其家庭成员得以重树信心，用实际行动来逐步满足需求、实现愿望，最终实现了整个家庭的增能。从这一角度讲，该家庭满足了抗逆力生成的诸多必备特质，实现了家庭抗逆力的再生成。从儿童学前段到小学段这一生命周期内，整个家庭单元呈现出"家庭抗逆力初生成→全新压力事件→关键过程→家庭抗逆力再生成"几个系统循环往复并螺旋上升的动态演变过程（见图 3-2 中①→⑤），验证了 Walsh（2016）在家庭抗逆力理论中提出的动态性和发展性特征。值得注意的是，虽然多个动力系统形成了闭环，但家庭整体功能并非原地踏步，而是在漫长的家庭生命周期中呈现出逐步上升的态势，这也与 Walsh（2016）提出的长期赋权论点相互印证。植入人工耳蜗并非一剂解百愁的良药，儿童期的语言、学业和同伴交往，青春期的自我认同和文化适应，成人期的社会竞争和社会适应，是植入人工耳蜗个体及其家庭需要终生面对的生命课题。在本研究中这对父母已对未来困境做出预判的现实背景下，笔者呼吁对"家庭抗逆力再生成"给予更多关注，通过预估家庭风险和运行关键过程，促使家庭实现抗逆力的再生成，最终实现生命周期范围内家庭整体功能的螺旋上升。

二、局部放大：关键过程运行机制

在 Walsh（2013）提出的关键过程模式中，信念系统、组织模式和沟通过程共同构成强化家庭抗逆力的核心运作过程，在不同的家庭以不同的方式和顺序呈现，促使家庭抗逆力顺利生成。在家庭抗逆力的再生成过程中，三者之间关系如何？运行机制和初生成是否有所区别？理论中并未进行详细论述。本研究发现，在植入人工耳蜗儿童家庭中，家庭抗逆力的再生成有其独特的关键过程运行机制，具体而言，包含纵向延续和横向递进两个路径。

第一，家庭抗逆力的再生成通过过往经验的纵向延续得以实现（如图 3-2 中"a"所示）。在本研究中，促成学前段植入人工耳蜗儿童家庭抗逆力生成的经验，在小学段家庭抗逆力的再生成过程起到了至关重要的作用。如上一阶段父母对自身能力的肯定及对儿童的积极期望，坚定了本阶段"追求优秀"家庭信念的塑造；上一阶段对核心家庭职责的确定和弹性分工的初步尝试，促成本阶段夫妻合作育儿模式的形成；上一阶段夫妻之间的良性沟通基础，为沟通模式由成人本位向儿童本位的平稳过渡得以实现。家庭作为人们经济、生活、情感联系最为密切的共同体，家庭成员之间享有相似的情绪体验和价值偏好，且在相当长的一段时间内保持相对稳定（Seltzer，2019）。家庭抗逆力的再生成依赖于家庭内部经验的积累和修正，而非完全重塑。家庭过往的正向经验和负向经验都可为下一阶段关键过程的运行提供引导，在新的时空维度产生新的能量。

第二，家庭抗逆力的再生成通过关键过程的横向递进得以实现（如图3-2中"b"所示）。Walsh（2013）在关键过程模式中明确了信念、组织和沟通三者的价值和意义。其中，信念是家庭功能的核心，组织模式是减缓危机冲击的缓冲器，沟通模式则起到维持和稳定作用，三者在家庭抗逆力生成过程中共时发生，不分先后。本研究发现，在植入人工耳蜗儿童家庭抗逆力的再生成过程中，三者则显示出一定的逻辑关系，基本遵循"信念—组织—沟通"的递进顺序。首先，"追求优秀"家庭信念的树立，为组织模式和沟通过程的调整重寻动力和方向；其次，组织模式在地理空间上的迁移和心理空间上的重构，为实现儿童本位的家庭沟通过程提供了实体和氛围上的双重保障。最后，顺畅的家庭沟通不仅保证了信念的维系和组织的稳定，还为抵御未来风险做好了准备。上述关键过程之间的逻辑关系和各维度功能在家庭抗逆力的初生成过程中未见体现，是独属于家庭抗逆力再生成过程的运行机制。

三、重点聚焦：优势资源持续利用

Walsh（2002）将家庭资源纳入关键过程中的组织模式维度，将善于挖掘家庭内外部优势资源作为认定家庭功能良好的重要指标之一，鼓励家庭成员和家族、社区与社会互动，以获取新的利益和资源。对植入人工耳蜗儿童家庭而言，物质基础、社会地位、亲朋好友、家长同伴等均可为家庭提供强大的支持和缓冲，继而促进家庭抗逆力的生成（Young，2008）。本研究中的家庭在家庭抗逆力初生成过程中，先后凭借物质基础、祖辈支持、同类家长互助和母亲教师职业等优势资源渡过儿童耳聋的重大家庭危机，验证了家庭资源的重要缓冲作用。但在家庭抗逆力的再生成过程中，该家庭对母亲教师职业这一优势资源的持续挖掘和利用如此突出，以至于笔者必须将家庭优势资源从组织模式维度中抽离出来，与其他维度放在并列位置进行叙述（如图 3-2 中"c"所示），才能清晰、详尽地阐明其动态延续性特点。

我国家庭善于从基于血缘、亲缘、地缘、业缘等关系构建而成的社会关系网络中获取抗逆资源。随着家庭生命周期的变化，家庭面临的困境发生变化，关系网中的资源配置方式也会随之发生相应变化（魏爱春，2019）。本研究中的家庭正是以母亲的教师职业为中心，构建出辐射家内和家外的社会关系网络，根据不同时期家庭压力事件的变化，通过对关系网中的家庭教育资源、学校教育资源和人脉资源进行灵活调动和配置，展现出不同阶段应对逆境时不同的"力"。这种生发于"关系文化"、格局松散、取用灵活、动态延续的优势资源利用方式，仅适用于镶嵌在"差序格局"社会结构中的我国家庭，在西方以团体格局为主的社会环境中很难实现（阎云翔，2006）。

检视 Walsh 的家庭抗逆力关键过程理论，将家庭优势资源视为次要过程、置于组织模式维度之下的理论观点是否适用于我国家庭抗逆力的本土化研究还有待商榷。在本研究中，对家庭优势资源的持续挖掘和利用在家庭抗逆力再生成过程中起到了至关重要的作用，不仅在叙事维度上可与信念系统、组织模式和沟通过程并列，在功能维度上也可与之比肩。但该研究结果仅见于本个案，还需在我国开展更多相似研究做进一步验证。

第六节　启示和展望

本研究结果可在一定程度上推广应用于面临融合教育转衔挑战的植入人工耳蜗儿童家庭，同时也可为特殊教育、早期干预、融合教育、家庭教育等领域的科研和实践工作者提供以下启示。第一，关注家庭的动态性和发展性，理解家庭抗逆力的生成非一时之功，也非一劳永逸之举。已经生成抗逆力的家庭可能再度走向混乱，需要对新的家庭压力进行重新评估，再度运行关键过程，实现家庭抗逆力的再生成。第二，尊重家庭的过往和生命周期发展阶段性，从积极角度看待家庭过往经验，对家庭成员认为有意义的经验进行梳理和总结，并尝试在新的时空维度下使其焕发新的能量，避免将普适的、权威性的价值观念强加于家庭成员。第三，关注家庭所处社会文化环境，对家庭所受外部环境影响和家庭内部文化传统保持敏感。在挖掘家庭优势资源过程中，重视吸收本国社会和文化资源（王东升，2022），集本国社会之力和文化之力，将家庭抵抗逆境之力发挥到最大。

本研究时间跨度虽长，但研究对象数量有限，使得研究内容具有较强特异性和局限性，未来还需进一步扩大研究对象的数量和类型，对本研究提出的实践和理论观点进行修正和完善。同时，因研究人力和物力有限，本研究将重点放置于由夫妻双方构成的核心家庭层面，但对家庭之中的儿童，以及家庭之外的社区、社会环境关注有限。在未来研究中，还需对该家庭持续保持关注，在家庭抗逆力再生成的背景之下，对植入人工耳蜗个体的成长、父母和子女的互动、宏观环境和微观环境的交互影响等课题进行深入探讨。

第七节　本章小结

本研究耗时三年，在通过问卷测量、教师推荐和笔者观察三种途径，挑选出学术意义上的"健康聋儿家庭"的基础上，对研究对象展开追踪叙事研究，对该家庭中聋儿初升小学、家庭风险陡增阶段的运作过程进行深入探寻。研究使用了正式和非正式访谈、观察和非参与式观察，以及实物分析等多种方式获取资料进行分析，并延续上一阶段的研究理论，在保证研究延续性和一贯性的基础上，提出新的研究结果。

本研究发现，家庭抗逆力再生成过程与初生成过程相比有其独特性。首先，家庭抗逆力初生成、全新家庭压力、关键过程和家庭抗逆力再生成几大系统形成整体向上的循环闭环，通过预估家庭风险和运行关键过程，促使家庭实现抗逆力的再生成，最终实现生命周期内家庭整体功能的螺旋上升。其次，家庭抗逆力再生成通过纵向延续和横向递进两个路径实现。具体而言，纵向延续是指家庭抗逆力的再生成依赖于家庭内部经验的积累和修正，而非完全重塑；横向递进是指在植入人工耳蜗儿童家庭抗逆力的再生成过程中，信念重塑、组织调整和沟通改善三个关键过程呈现出依次递进的顺序。最后，家庭抗逆力的再生成非常倚重对家庭优势资源的持续挖掘和利用，可根据不同时期家庭压力事件的变化，通过对关系网中的家庭教育资源、学校教育资源和人脉资源进行灵活调动和配置，展现出不同阶段应对逆境时不同的"力"。基于研究结果，本章建构了本土化的植入人工耳蜗儿童家庭抗逆力再生成模型，凸显了我国聋儿家庭运作过程独特性和文化特异性。

从研究目的出发，本章的研究结果能为下一阶段"提升我国高危聋儿家庭抗逆力"研究目标的实现提供模型参考，通过家庭信念重塑、家庭组织调整、家庭沟通过程改善和家庭优势资源挖掘多种途径，实现实践领域聋儿家庭抗逆力的切实提升。基于此，下一章将扩展研究对象的数量和范围，以新的聋儿家庭为研究对象，通过团体辅导、家长叙事等途径，实现家庭面对高危挑战时的关键运作过程的调整，在充分利用家庭整体优势的基础上，实现家庭抗逆力的生成、增强和延续。

第四章　聋儿家庭抗逆力提升干预研究

本章以 5 个聋儿家庭为研究对象，以家庭抗逆力动态运作过程和 Walsh 的家庭抗逆力关键过程模型作为理论基础，以行动研究为研究方法，通过对家庭中的聋儿和家长同时进行干预，提升家庭中的保护性因素，降低家庭中的风险性因素，实现聋儿家庭的关键运作过程重新调整，使家庭整体优势得到最大程度的挖掘和发挥。本章共五节：第一节为研究背景；第二节为干预设计和过程，详细介绍本研究的干预目的、干预对象、干预方法和工具、干预过程；第三节为干预结果，是量化干预结果和质性干预结果的综合呈现；第四节为建议和展望；第五节为本章小结。

第一节　研究背景

将家庭视为整体单元，对整个家庭所处危机情境、形成应对行为的关键过程及结果进行追踪和评估，有利于帮助每位家庭成员在与家庭、环境的互动中找到潜在的优势和资源，进而从危机中获得自我修复的能力。这种由个体转向生态的干预理念被称为家庭抗逆力理论（Walsh，1996）。对儿童而言，家庭是其极为重要的生态环境，运用家庭抗逆力理论，对家庭整体而非某一家庭成员进行干预，更有利于为其提供稳定、一贯的保护（冯跃，2017）。同时，家庭抗逆力的生成也能帮助家庭在危机中自我修复和成长，起到一定抵御未来风险的预防作用。近年来，围绕聋（Ramadhana，2021）、自闭症（李东卉，2018；华红琴，2019；Irang，2020）、智力落后（Peer，

2020)、肢体残疾（Lia，2016；张玲，2020）、多动症（McConnell，2014）等特殊需要儿童家庭展开的家庭抗逆力生成水平及影响因素研究逐渐增多，但针对家庭内部过程机制的研究相对较少，且鲜有以家庭为中心，从儿童和家长两方共同入手进行干预的实践性研究出现。

相较上述其他类别的特殊需要儿童而言，聋儿家庭在发展过程中会面临不同的挑战，比如听人家长和聋儿可能因语言差异导致沟通不畅，可供聋儿选择的众多教育安置方式令聋儿家庭难以做出合适的选择，聋儿早期干预内容单一等问题都为家长带来了更多风险，也无法保证所有的家庭从中受益。在全球注重积极品质培养和幸福感提升的大背景下，以优势视角看待聋儿和聋儿家庭，尝试开展以激发家庭潜能和优势为目的的早期干预势在必行。

基于此，本研究以5个高危聋儿家庭为干预对象，通过前期调查了解家庭的需求及适用的干预路径，设计了从儿童和家长两方入手、双管齐下的干预方案，试图在前文已提出我国聋儿家庭抗逆力生成模型的基础上，回答"如何提升我国聋儿家庭抗逆力"的研究问题。

第二节　干预设计和过程

本节将从干预目的、干预对象、干预方法和工具、干预过程四个部分来详细介绍本章干预研究的设计和过程。

一、干预目的

本书干预研究的总目的为中断家庭风险性因素连接，提供保护性因素支持，促进聋儿个体和家庭整体的适应和发展，提升聋儿家庭的家庭抗逆力。研究目的具体包括：

（1）通过对聋儿实施言语训练，提升聋儿口语表达能力和社会交往能力，为聋儿发展提供保护性因素。

（2）通过对聋儿家长举办讲座，提升聋儿家长亲子沟通能力、亲子阅读技巧，提供情绪舒缓方法等，为聋儿家庭发展提供保护性因素。

二、干预对象

为实现以上研究目的，干预对象（5个高危聋儿家庭）需满足以下条件：

（1）聋儿年龄小于3岁（确保其尚未受到风险性因素影响或影响较小）。
（2）聋儿已被专业医疗机构确诊为聋或重听（听力损失≥70dB）。
（3）父母无养育聋儿相关经验。
（4）父母文化程度均为小学及以上（保证家庭成员能对相关书面材料如指导手册、测验问卷等进行正确理解）。

基于上述筛选条件，确定5个符合条件的聋儿家庭。各家庭基本情况见表4-1。

表4-1　5个聋儿家庭基本情况简表

家庭编号	父亲学历/职业	母亲学历/职业	聋儿年龄	聋儿听力损失程度	家庭年经济收入
1	高中/农民	初中/农民	3岁	90dB（左） 90dB（右）	2万~4万元
2	初中/装修人员	初中/无业	3岁	100dB（左） 100dB（右）	2万~4万元
3	高中/自由职业	高中/无业	2.5岁	110dB（左） 120dB（右）	4万~8万元
4	初中/零工	初中/无业	2岁	120dB（左） 120dB（右）	2万~4万元
5	高中/技工	高中/无业	2岁	120dB（左） 120dB（右）	2万~4万元

三、干预方法和工具

(一) 行动研究

行动研究是实施早期干预的常用研究方法。行动研究是对社会情境的研究，是以改善社会情境中行动质量为出发点的研究（Elliot，1991）。行动研究强调在研究对象参与的基础上，通过反复进行计划、观察、行动和反馈等流程，最终确定行动方案。

本研究使用行动研究规划、调整和确定干预过程，以确保干预内容满足研究个案需求，最终达到促进家庭逆抗力提升的研究目的。干预过程包括以下6个步骤：①基于前测和访谈的数据对家庭需求进行分析；②拟定干预方案；③试行干预方案；④通过观察，对干预方案进行形成性评估；⑤基于干预对象反馈结果，对干预方案进行形成性评估；⑥基于④和⑤的结果对干预方案进行调整。行动研究过程如图4-1所示。

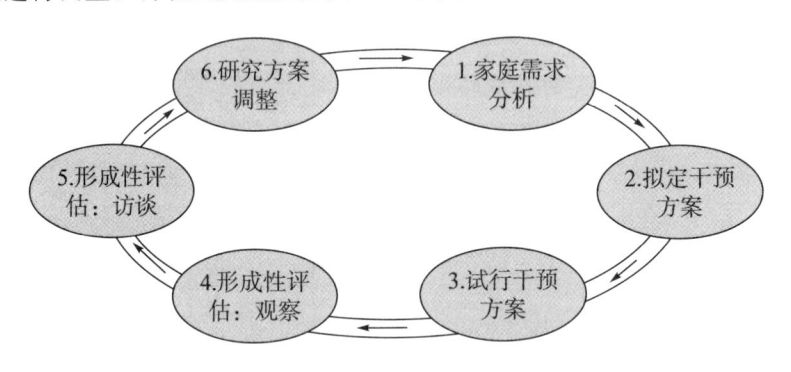

图4-1 行动研究过程示意图

基于已有研究结果，在Walsh家庭关键过程运行理论的指导下，拟定的聋儿家庭早期干预预案如表4-2所示。

表 4-2 聋儿家庭早期干预预案

干预形式	干预内容（备选）	干预目的
聋儿 个别训练	聋儿语前发音训练 聋儿行为观察和解读 以聋儿为主导的亲子阅读	重塑家庭信念 促进家庭沟通
聋儿 集体训练	聋儿沟通 聋儿社会交往 聋儿艺术教育 聋儿集体阅读	重塑家庭信念 促进家庭沟通
家长访谈	家庭成员沟通 家庭成员分工和合作 家庭仪式和文化传承	重塑家庭信念 调整家庭组织模式
家长讲座	聋儿安置方式和相关资源介绍 助听器验配和人工耳蜗植入及相关资源介绍 优秀成年聋人指导 亲子沟通 阅读技巧指导 儿童行为解读	重塑家庭信念 促进家庭沟通 挖掘家庭优势资源

（二）测验法

将王玮（2011）的自编量表《自闭症谱系儿童家长调查问卷》进行调整后编制而成的《听力康复儿童家长需求调查问卷》分为基本情况和题目两部分，共55小题。通过问卷能了解影响家长心理健康的生理因素、心理因素和社会因素；聋儿家长的心理与情绪需要、教育干预需要，以及社会资源与服务的需要；聋儿家长希望得到的信息性支持、情绪性支持和工具性支持（问卷详见附录二）。

使用Deal等（1988）联合编制的家庭功能类型量表对聋儿家庭进行前测和后测，了解其接受干预前后家庭特征的变化，对自身优势和资源认识的变化，以及家庭抗逆力水平的变化（家庭功能类型量表详见附录三）。

（三）访谈法

对聋儿家庭成员（父亲、母亲及其他主要照顾者）进行半结构化的访谈，访谈内容包括对聋儿未来发展的规划、对聋儿个体及家庭整体未来发展的担忧、家庭成员对家庭优势和劣势的认识、家庭成员对干预的期望等。访谈在研究对象完成第一次家庭功能类型量表测试后进行，为干预方案的制定收集信息。根据家庭成员的时间安排，访谈可以个别或团体形式进行，可分一次或多次完成。根据访谈对象的意愿，对访谈内容进行录音或速记（聋儿家庭访谈提纲详见附录四）。

四、干预过程

基于访谈和问卷调查结果，5个聋儿家庭家长最需要得到下列10个方面的支持，按照需求程度从低到高依次排列如图4-2所示。

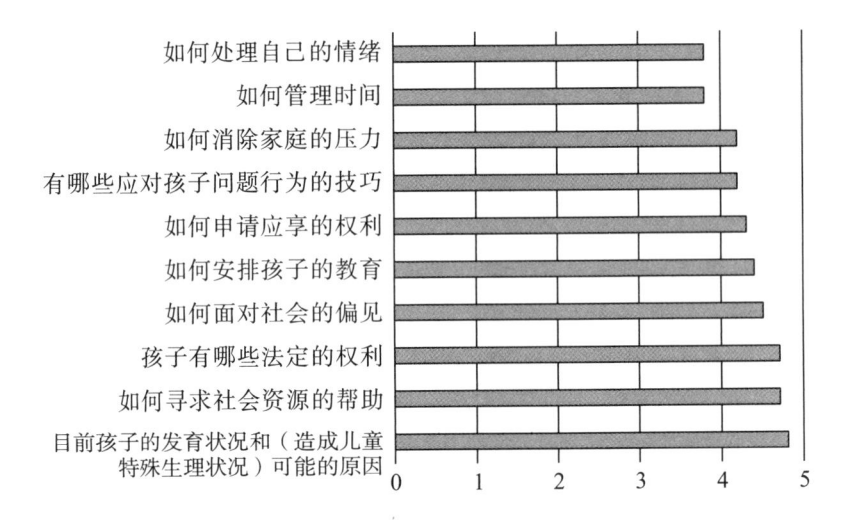

图4-2 家长需求排名汇总

结合前面已有干预预案，笔者与5个聋儿家庭所在的聋儿言语训练中心取得联系，共同制定了旨在提高聋儿家庭抗逆力的早期干预方案，并基于各自所拥有的资源和优势，对干预内容进行了分工，对时间进行了安排。聋儿家庭早期干预方案见表4-3。

表 4-3　聋儿家庭早期干预方案

干预时间	干预对象	干预内容	干预者	干预场所
第一个月至第五个月	聋儿	聋儿社会交往	言语训练中心集体课教师	言语训练中心大教室
		聋儿言语训练	言语训练中心单训教师	言语训练中心单训室
第一个月第一周	聋儿家长	听觉口语法介绍和聋儿记忆技巧	刘老师（言语训练师）	言语训练中心会议室
第二个月第一周	聋儿家长	亲子沟通智慧与技巧	曾老师（国家二级心理咨询师）	言语训练中心会议室
第三个月第一周	聋儿家长	聋儿亲子阅读方法与技巧	朱老师（大学副教授）	言语训练中心会议室
第四个月第一周	聋儿家长	儿童行为解读与行为问题解决	刘老师（大学副教授）	言语训练中心会议室
第五个月第一周	聋儿家长	爱与康复的关系	陈老师（言语训练专家）	言语训练中心会议室

基于聋儿家长的需求和预案的备选内容，干预方案最终确定从聋儿和聋儿家长两方面入手，同时进行干预。

聋儿干预途径主要在言语训练课堂中展开，通过集体活动和单训课程两种途径，有针对性地对聋儿社会交往能力和言语能力进行训练和提高，减少传统意义上聋儿因交流不畅引起的封闭、孤独和社会交往能力低下的风险性因素。

聋儿家长干预主要通过讲座形式开展，基于家长需求，分别设计了亲子沟通、亲子阅读、儿童行为问题解决、聋儿教育与发展、家长情绪与压力疏解五大主题讲座，分别邀请五个领域的专家，按每月 1 次的频率向家长开展讲座。讲座在每月第一周的周六上午举办，每次讲座约为 3 小时，邀请聋儿父母及其他主要照顾者共同参加，讲座结束后设置半小时的讨论和答疑时间，家长有后续问题，还可在微信群里与专家进行持续交流。五大主题讲座的举办，可为聋儿家庭提供科学养育、压力疏解两大重要的保护性因素。

第三节 干预结果

受研究对象特异性的影响，本研究将研究对象定为5个聋儿家庭，研究被试较少，不宜使用量化研究进行分析。因此，在对干预结果进行分析时，本书将家长访谈结果作为主要结果，将量表前后测结果作为辅助资料，两者结合，对干预效果进行分析和总结。

一、干预前后聋儿家庭需求对比

干预前后分别使用自编量表对聋儿家庭的心理需求、教育干预需求和社会资源需求进行了解，聋儿家庭需求的干预前后对比如表4-4所示。

表4-4 聋儿家庭需求干预前后对比表

家长需求	心理与情绪需要 M 值	教育干预需要 M 值	社会资源与服务需求 M 值
干预前	3.98	4.28	4.19
干预后	1.21	1.42	0.90

心理与情绪需要包括如何面对社会对聋儿的异样眼光、如何消除家庭压力、如何减轻自身压力、如何处理自己的情绪、如何培养良好亲子关系、如何接纳聋儿6个子项目，干预后，需求减少最多的包括如何消除家庭压力、如何减轻自身压力、如何处理自己的情绪和如何培养良好亲子关系4项。初步分析其原因，是因为在针对家长开展的讲座中，有3个都与如何调试自身情绪、如何促进亲子良好沟通有关，家长从中获益最多。

原来带娃娃出去总是扭扭捏捏的，心里就希望别人不要问。后来听老师讲，自己的态度影响了别人的态度，也影响了孩子自己对自己的态度。所以后来我们出去就变得坦坦荡荡，主动和别人解释。解释完了其实别人也觉得没有什么，以前完全是自己的自尊心作祟。【1号聋儿家

庭】

以前觉得孩子是特殊娃娃，需要多宠着点、护着点，后来学到无论孩子是什么样的状态，都需要科学地养育。尤其是读到刘老师的文章，无论养育特殊孩子还是普通孩子，都需要我们做一个好家长，这一点上没有任何区别。听了讲座以后我们也认真去看相关文章。自己懂的多了以后发现，以前很多问题都是自己不懂孩子造成的。我们学会了科学的方法，孩子的状态也变得更好，相应地我们的状态也变好了，又会影响娃娃变得更好，形成了一个良性循环。【3号聋儿家庭】

二、干预前后聋儿家庭获得支持对比

干预前后分别使用自编量表对聋儿家庭所获得的信息性支持、情绪性支持和工具性支持进行了解，聋儿家庭所获支持干预前后对比如表 4-5 所示。

表 4-5　聋儿家庭所获支持干预前后对比表

家长所获支持	信息性支持 M 值	情绪性支持 M 值	工具性支持 M 值
干预前	2.30	1.60	1.50
干预后	4.80	3.50	4.60

干预后，聋儿家庭在信息性支持、情绪性支持和工具性支持三个方面的数值均有提高，其中工具性支持增长数值最大。信息性支持，是指家长在养育聋儿过程中通过网络、家长、朋友、书籍等途径获得的相关专业知识和技能。情绪性支持，是指通过康复好的案例、大众的理解、他人的帮助等让家长获得情绪疏解。工具性支持，是指获取经济补助、行为矫正、听力损失相关医疗服务等支持。

笔者通过访谈了解到，家长在送孩子进入言语训练中心前，几乎没有任何获得相关支持的途径，接受言语训练后，聋儿家长从教师和其他家长处获得了大量信息和专业知识，得到了大量支持。在此基础上，每月一次的家长讲座，也给家长额外提供了很多言语训练中心覆盖不到的信息，其受益良多。

娃娃诊断出这个情况以后，真的是两眼一抹黑，一点办法都没有。后来无意中听别人介绍说这个言语训练中心不错，就送孩子过来。每天放学的时候，老师都会和家长交流半个小时，告诉我们今天孩子学了什么，家长晚上和周末回去应该怎么教。我们学到了很多，心头也踏实了不少。另外，经常和其他娃娃家长交流，也知道了很多比我们娃娃情况严重，但恢复得还特别好的案例，心头确实没有以前那么焦虑了。【2号聋儿家庭】

每月一次的家长讲座我特别喜欢，每次都要喊上娃娃的爸爸、爷爷、奶奶一起来听，听的人越多，对娃娃越好。讲座中专家不仅要讲很多方法和知识，关键是他们会提供给我们很多途径，书籍啊，网络啊，视频啊，电影啊，微信公众号啊，等等，我们自己可以去查很多信息。再不行我们还可以随时在微信群里和他们沟通，真的方便很多，就像有个专业的人员在旁边一直照顾着你，心里就不慌了。【3号聋儿家庭】

三、干预前后聋儿家庭抗逆力对比

使用 Deal 等（1988）联合编制的家庭功能类型量表对高危聋儿家庭进行前测和后测，观察家庭抗逆力水平的变化。满分为125分，得分越高，表明生成和具备的家庭抗逆力越强。聋儿家庭抗逆力生成干预前后对比如表4-6所示。

表4-6 聋儿家庭抗逆力生成干预前后对比表

家庭抗逆力	1号聋儿家庭	2号聋儿家庭	3号聋儿家庭	4号聋儿家庭	5号聋儿家庭
干预前	78	63	66	83	60
干预后	110	103	104	112	98

在与家长的访谈中，虽然家长没有明确提及韧性、抗逆力或心理弹性的增长，但其对自身风险性因素和保护性因素的剖析已能够充分说明，5个聋

儿家庭在半年时间内，家庭作为一个整体的抵抗逆境的能力得到了极大提升。

  自从生了这个娃娃以后，心里都是沉重的，不晓得该怎么办。这半年来，娃娃上语言训练，我们可以交流了。我们自己也在学习进步，心里一下就觉得不用慌了。以后都有希望了。过程中肯定还会遇到很多问题，但是晓得肯定有办法解决。【4号聋儿家庭】

  参加了讲座之后，我们家自己也在讨论分析，知道以前我们对娃娃的哪些态度和做法是错的，以后应该怎么做。我们明显觉得娃娃的状态有很大的好转，家里的氛围也轻松了很多。【3号聋儿家庭】

第四节　建议和展望

  利用各方不同的优势和资源，通过对聋儿和聋儿家长同步进行指导，经过半年的时间，五个聋儿家庭的心理、教育和资源需求得到了满足，获得的信息性、情绪性和工具性支持大幅度增加，最终家庭抵抗逆境的能力大幅度提升，家庭抗逆力得以生成。回顾整个干预历程，可以为今后更多以提升家庭抗逆力为基础的早期干预项目提供一些建议。

一、早期干预工作者应尽早介入

  回顾本研究的干预内容可以发现，虽然干预的主旨是提升家庭抗逆力，但干预的主体同时包含了家长和儿童个体。根据Loots的交互发展理论，儿童和家长的状态和情绪紧密联系、相互影响、不可割裂，因此在干预的过程中，同时针对聋儿和家长进行了干预。

  通过研究结果可以看出，聋儿家长压力的缓解、对未来态度从悲观向乐观的转变，在很大程度上受到聋儿进步程度的影响。在本研究的干预中，针对聋儿的干预内容与言语训练中心的课程相配合，主要目的是提高聋儿口语表达能力、认知能力和社会交往能力。这些干预课程既是对聋儿缺陷的补偿，降低了其今后发展可能遭遇的风险，也是对其潜能的挖掘，为其今后发展提供了更多的保护性因素。基于此，聋儿进入言语训练中心这一过程对家长而言，本身就是一种保护性因素，意味着聋儿今后能顺利地融入主流社会，参与社会生活。这也很大限度地缓解了家长的压力，为家长提供了保护性因素。

因此，无论早期干预的对象是针对聋儿个体还是整个家庭，早期干预工作者尽快介入，帮助聋儿取得进步，这一环节都是必不可少的。针对聋儿的早期干预既可以是本研究中的口语训练，也可以是帮助聋儿手语水平得以提升的训练，最终目的都是提升聋儿的认知水平、社会交往水平，为其今后的良好发展奠定基础。

二、早期干预过程中家长和专业人员同等重要

与学校教育不同，家长在早期干预过程中的重要程度，与早期干预专业人员同等重要。在过去的早期干预中，有些干预者以专家姿态介入，不考虑家长的实际需求；干预者将家长排斥在干预过程之外，忽视家长的养育力量，最终使得干预的效果大打折扣。

对学龄前聋儿来说，最重要的生活场所是家庭，最重要的成人是家长。在早期干预中，早期干预工作者必须充分考量家长的资源、优势和核心需求，与家长共同协商，一起实施早期干预。

三、对未来研究的展望

在本研究中，笔者将家长的作用放在首位，通过对家长进行养育方法、问题行为解决等方面的辅导，提升家长的沟通能力、换位思考能力、问题解决能力等，再借由家长的力量对聋儿实施生活情境中的自然干预。两方合力，耗费的时间更少，取得的效果也更好。

本研究中的早期干预从聋儿和聋儿家长两方面入手，通过提高其应对问

题的能力，为其提供更多的保护性因素，使其在面临未来发展中可能遇到的风险时更加乐观，也更有力量。这是一个尝试，对笔者本人而言，也是一个挑战。从目前取得的研究结果来看，聋儿家庭的抗逆力都获得了较大提升。

但因聋儿家庭目前生活已步入正轨，尚未面临聋儿入园、升学、就业等人生重大挑战，早期干预中获得的家庭抗逆力，能否在未来发展中为家庭持续提供力量，也未可知。

在未来的研究中，首先需要进一步扩大干预对象，除聋儿、聋儿家长外，学校教师、社区居民等都有必要被纳入干预范围，为聋儿和聋儿家庭的健康发展提供良好的身心环境。其次需要进一步拓展干预内容，除心理、教育类讲座外，法律类咨询、经济补助类咨询等都应为聋儿家长开展，从现实生活保障角度缓解聋儿家庭生活压力，提升家庭幸福度。最后，干预的时间也应适度延长，或在聋儿面临转衔时适时介入。家庭抗逆力的生成不是一蹴而就的，也不是稳定不变的。在不同的时期，聋儿个体及其家庭需要获得不同的支持，才能使家庭抗逆力持续不断地发挥力量，为家庭这艘帆船的行驶保驾护航。

第五节　本章小结

本章为上篇研究的实践部分，研究目标为基于前面我国家庭抗逆力提升模型，对高危聋儿家庭进行干预，以切实提升我国聋儿家庭的抗逆力。研究方法为行动干预，干预过程为挑选五个学术意义上的高危聋儿家庭，对家庭需求进行问卷调查，基于需求强弱，设计从儿童和家长双方共同入手的干预方案。整个干预过程耗时半年，干预参与人员包括有心理学、教育学和语言学背景的一线教师和高校教师，无论在干预内容、干预对象还是在干预参与人员的选择上，都体现了跨学科背景合作的重要性。笔者对干预过程中的专家讲座进行了详细记录，并节选发表于公众号"小刘老师"上，在聋儿家长群体中获得了广泛转发（讲座记录见附录五、附录六）。

本研究发现，基于家庭关键运作过程设计的早期干预项目，对高危聋儿家庭而言具有显著效果。其主要体现在聋儿家庭需求获得满足、聋儿家庭支持增加、聋儿家庭抗逆力提升三个维度。首先，在聋儿家庭需求方面，聋儿家长的情绪压力得到了极大疏解，教育压力和资源短缺的情况也得到了一定程度的改善；其次，在聋儿家庭支持方面，聋儿家长获得的信息、情绪和工具三类支持显著提升；最后，在家庭抗逆力方面，五个聋儿家庭的抗逆力均从干预前的均值以下提高到均值以上。研究结果证明，以 Walsh 的家庭关键运行过程为理论基础，以我国聋儿家庭抗逆力生成模型为建构基础，从儿童和家长双路径入手，可实现家庭整体的信念重塑、组织调整、沟通改善和优势资源挖掘，最终成功实现家庭抗逆力的切实提升。

上篇研究从理论和实践两部分入手，首先构建模型；其次基于模型开展早期干预，研究时间充足，研究内容充实，研究结果较为显著。但上篇仅围绕聋儿家庭抗逆力展开，生态环境仅局限于聋儿家庭内部。随着聋儿的成长和发展，聋儿个体的生态环境会延展至学校、社区和社会，如若不将生态系统纳入抗逆力干预范畴，家长压力的疏解只是一时之效，也无法为聋人个体抗逆力的生成提供更多保护性因素。因此，本书的下篇将研究场域延展至学校和社会，按照聋人个体生命成长轨迹，从优势视角与抗逆力提升角度，对其成为父母、养育子女、走入社会等历程进行深入探究，寻找我国本土社会文化环境下，聋人自信、自尊、自爱、自洽生活的幸福成长之路。

下篇　聋人个体抗逆力的生成：
　　　家庭与学校

第五章　下篇总论

本章分为三节：第一节为研究背景，从聋人学术形象和现实生活形象的矛盾性入手，阐明从优势视角看待聋人个体、在不同生态系统下激发聋人个体保护性因素的研究必要性。第二节为文献回顾，对抗逆力内涵、聋人抗逆力内涵、聋人抗逆力内在结构和以聋人抗逆力提升为导向的干预研究四个领域相关文献进行了系统梳理和回顾。第三节为研究设计和思路，从研究目的、研究问题、研究思路、研究重点和难点等维度入手，对下篇系列实证研究的设计思路和实施过程进行了详细介绍。

第一节　研究背景

大量的实证研究结果显示，大部分聋人个体（或群体）均遭遇过情绪和认知失调（Marschark，1993）、阅读能力不足（Conrad，1979）、学业失败（Powers，1998）、同伴或家人欺凌（Obinna，2005）、就业困难（Dye，2000）、社会排斥和歧视（Higgins，1979）等重大事件。聋人失败、低成就的刻板形象逐渐被固化。

20世纪90年代，积极心理学盛行，以优势视角看待聋人个体和群体的呼声渐高，强调个体优势和潜能、依靠自身而非他人力量渡过逆境的抗逆力理论开始进入聋人群体研究者的视野。聋人研究与抗逆力的"联姻"，既改变了人们对待聋人的态度，又为提高聋人学业和职业成就带来了新的干预思路，在聋人心理和教育研究领域掀起理论探讨和实践尝试的热潮。

已有探讨和尝试主要在以下领域展开：第一，聋人个体的生理和心理优势。大量实验研究证明，聋人在运动觉察、视觉转换、运动定位等方面具有显著优势（贺荟中，2019）。第二，聋人在学校适应方面的优势。如聋人大学新生的弹性居于中等偏上水平，其学校适应度总体处于中等水平，远远高于普通人群对聋人群体的刻板认知（徐子淇，2021）。第三，聋人在职业适应方面的优势（自身具有技能专长、积极期望、内在抗逆力等）。目前聋人就业有政策支持，社会上形成聋文化讨论氛围，设置福利企业关怀，改善了聋人就业环境（郑玥，2012）。在此背景下，基于聋人优势视角的家庭教育支持和职业教育支持等相关实践研究也陆续展开（于新明，2020；解殿伟，2022）。但遗憾的是，什么是聋人抗逆力，聋对聋人而言是保护还是风险，如何切实提升聋人抗逆力，此类直触聋人抗逆力的基础性研究数量还十分有限。

鉴于此，本章试图对近十年来聋人抗逆力研究的进展和成果进行系统梳理，在对已有研究进行述评的基础上提出未来研究展望，以期为聋人群体研究者、聋教育工作者、聋儿早期干预人员和聋人父母等读者群体提供新的思路。

第二节　文献回顾

一、抗逆力内涵相关研究

抗逆力，也译为韧性、复原力、心理弹性，最早的相关研究始于德国。德国医生 Manfred Bleuler（1972）在临床研究中发现，一些来自父母精神异常家庭的儿童并未受到父母患病的影响，仍然实现了良好的适应和发展。为什么在相同压力下或逆境中，有的儿童会消沉甚至患上精神疾病，有的儿童却适应良好？怀着此疑问，美国心理学家 Garmezy（1984）等首次提出"抗逆力"一说，肯定抗逆力在保护青少年心理健康方面的重要作用。

经历30多年发展，研究者试图从不同角度解读抗逆力的内涵，如强调遭受逆境仍能取得成功的积极结果取向（Werner，1994），强调个体应对逆境能力的个人特质取向（Bernard，1993），强调抗逆力产生过程的动力取向，等等。从发展趋势来看，关于抗逆力的内涵，目前已达到两点共识：第一，个体经历了不幸或危险情境；第二，个体成功应对危机或适应良好（Bernard，1993）。

二、聋人抗逆力内涵相关研究

与普适性的抗逆力内涵研究相似，对聋人抗逆力内涵的界定也存在多个不同的维度，主要包括以结果为取向的和以社会-文化视角为取向的两种概念解释。

（一）以结果为取向的聋人抗逆力

美国圣何塞州立大学儿童发展系教授Charlson等（1999）对具有逆抗力的聋人青年进行了访谈，并总结了有利于抗逆力形成的因素。在该实证研究中，Charlson等采用了以结果为取向的抗逆力（定义），即将研究对象界定为"取得显著成功（outstandingly successful）的个体"。但研究者自身并未对"显著成功"进行界定，而是使用"提名法"（nomination），请教师和学生推荐他们认为表现突出的青年聋人。这些突出的方面包括但不限于学业成绩、运动能力、社会交往能力、艺术特长等。

但随后，美国明尼苏达大学教授Masten（2001）指出，该研究使用的聋人抗逆力定义仅仅强调"突出的成就"这样的结果，忽视了抗逆力形成的动态过程，即个体通过习得必备的技能或能力，成功应对压力或挫折事件，该定义也没有超越普适性的抗逆力内涵。

（二）以社会-文化视角为取向的聋人抗逆力

2003年，英国曼彻斯特大学人类健康中心研究员Rogers等对三位由他人推荐、受过高等教育、有稳定工作并在听人社会适应良好的成年聋人进行了相似的访谈研究。与Charlson等不同的是，Rogers等基于社会文化视角，对聋人抗逆力给出了如下定义：尽管可能因听力和语言的差别遭遇很多挫折或挑战，但仍能在听人世界和聋人世界（deaf world）均适应良好（如在聋人群体中担任领导角色），并有一份成功的工作（如在一个或多个听人环境中每周累计工作40小时）。

英国曼彻斯特大学社会工作系教授Young及其同事（2011）对该定义进行了详细论述。她们指出，这个定义准确、具体地描绘出聋人群体的独特性，但鉴于对英文小写和大写"聋"（deaf/Deaf）本身的界定尚存争议（医学、社会和文化领域各执一词），因此该定义不可能被所有聋人个体或群体接受。经过对大量文献的总结和梳理，她们尝试着给聋人抗逆力下一个宽泛而富有诗意的定义：在因聋而不得不面临各种风险，阻碍他们获得自我实现、安全感和幸福的世界中，仍能利用过去的一切经验，找到正确的航行方向。

三、聋人抗逆力内在结构相关研究

抗逆力研究始于对处境不利儿童的关注，逆境、压力或创伤增加了他们受到伤害或发展不顺的风险，这些风险被称为风险性因素。而有些儿童能免受风险的影响，可能是因为受到能减轻或缓冲风险带来伤害的保护性因素的影响。风险性因素与保护性因素同为抗逆力的内在结构，抗逆力的发生就是二者相互抗衡的过程（宋广文，2010）。相较"聋人抗逆力是什么"而言，研究者对"聋人面临的风险性因素究竟是什么""耳聋是否为风险性因素""聋人的保护性因素是否具有独特性"等话题讨论得尤为激烈。

（一）对耳聋是否为风险性因素的讨论

在传统的疾病——缺陷残疾观中，耳聋是聋人群体面临的最大风险性因素，也是聋人成为高危人群的原因之一。但随着社会文化障碍观的提出，逐渐有学者在聋人抗逆力研究中以优势视角看待耳聋。

1. 聋本身是一种风险性因素

早期有相当多的研究者认为，聋会直接导致个体书面语发展迟滞、学业不良、道德水平低下、人际关系淡漠，甚至引发多种心理疾病。比如聋人以视觉为主要信息加工方式，视觉疲劳极易导致注意转移，继而影响其课堂表现（吴永玲，1994）；手语的使用会影响其掌握书面语和抽象概念，很难与听人进行深层次交流等（Geers，1984）。美国学者 Kramer 等（2006）的一项聋人职业表现研究得出的结论是"聋人的职业表现不尽如人意"，因为听力损伤本身应当被看作一项风险性因素，该生理因素常会引起疲劳和消极情绪，会增加聋人请病假的次数，对正常工作造成影响。

2. 聋是引起其他继发性风险的因素

有研究者从环境角度对聋人可能面临的风险性因素进行分析，如美国学者 Sullivan 等（1987）、Kennedy（1989）提出，聋人易成为被欺凌对象，更多的是因为他们常处在隔离环境，缺少与照顾者的沟通；同时，由于交流的限制，他们没有机会充分习得自我保护的技能。现在，越来越多的研究者认同聋本身并不是引起阅读落后、学业失败等的直接原因，只是在个体与家庭、社会和教育环境的互动过程中增加失败概率的可能因素（Young，2008）。也就是说，聋人面临的风险性因素更多地来源于环境，而非聋人个体本身。聋更应该被看作风险性因素的触发点（risk indicator），而非风险的直接来源（risk mechanism）（Greenberg，1997）。

3. 聋在特定情况下既是风险性因素又是保护性因素

聋人群体不仅可从耳聋时间、耳聋程度、沟通方式、教育安置形式等角度划分，学术研究还经常根据聋人个体对待手语的态度，将其划分为聋人文化（deaf culture）拥护者和反对者。英国曼彻斯特大学教授 Young 等（2011）从社会文化角度出发，提出在特定的文化环境下，聋既可被视作风险性因素，也可充当保护性因素。比如在聋人文化中，聋更容易被群体接受，也更容易形成较高的自我认同感。她们总结道，并不能因为聋人最终获得的成功不符合大众的期望,就武断地将其判定为失败的人。

(二) 对聋人保护性因素的讨论

尽管直接讨论聋人保护性因素的文章数量有限,但有大量关于促进青少年聋人认知、社会交往和情绪发展等的策略研究。如美国学者 Greenberg 及其同事进行的一系列研究,与聋人抗逆力研究有很强的关联性。他们先后提出积极的问题解决方法(Greenberg,1993)、支持系统的有效利用(Calderon,1993)、认知技巧(Greenberg,1997)等都能帮助聋人个体增强信念,在听人社会和聋人社会都适应良好。

上述 Charlson 等(1999)和 Rogers 等(2003)进行的个案研究,均通过对优秀聋人的访谈总结出了一些保护性因素。如 Rogers 等(2003)将聋人保护性因素与听人保护性因素进行对比,认为除幽默感、责任感等相同的因素外,"享受孤独""自我印象管理"是聋人特有的保护性因素(见表5-1)。

表5-1 Rogers 等(2003)总结的聋人抗逆力保护性因素

来源	保护性因素
个体内在 (Intrapersonal)	人格:幽默感,照顾他人,责任感,追求目标 社会期望和自我期望:强烈的社交意识,对情绪的感知,优势意识,享受孤独
环境 (environmental)	学校环境:高效指导者、积极的同伴关系和学习团队关系 家庭环境:支持 社区环境:丰富的参与机会
行为 (behavioral)	自我驱动:自我安抚,目标导向,持续解决问题,自我形象管理

对于上述两项研究成果,Young 等(2011)认为其不足之处在于研究思路均以预设为先,将普适性的保护性因素生硬地套用在聋人个体(或群体)上,未能完全突显后者在生理、语言、文化和社会上的独特性。另外,即使在聋人群体内部,个别保护性因素也并不一定具有普适性。如 Rogers 等将"享受孤独"看作保护性因素;但在 Wagnild 和 Young(1990)的研

究中,"存在孤独"则是一个风险性因素。

直接提出在抗逆力研究中应将聋作为一个特殊的模型看待,并在这方面有较多探索的是美国宾夕法尼亚大学的 Steinberg 教授。她(2000)指出,聋给个体带来的最大困扰在于阻碍个体和他人的交流,继而影响其创造、探索、理解或叙述能力。因此,"共同交流"(shared communication)是帮助聋人获取信息、获得支持、理解世界的最佳途径,是一个适用于每位聋人的保护性因素。另外,学习成年聋人过往经验及应对策略也能帮助聋人抗逆力的形成。聋人自己对"身为聋人"(being Deaf/deaf)经验的总结是最为准确的抗逆力运作的动态过程,因此,学习"叙事性经验"(narrative experience)也是一个较具普适性的聋人保护性因素。

总而言之,在聋人抗逆力研究领域,还需要继续进行更多的基础研究。在开始探讨缓解压力、促进发展的可能性因素和机制之前,真正站在聋儿和成年聋人的角度去思考什么是抗逆力可能才是更重要的(Young,2011)。

四、以聋人抗逆力提升为导向的干预研究

对聋人抗逆力内涵和内在结构进行讨论的最终目的,是将抗逆力理论应用于干预实践,从"探寻抗逆力是什么"走向"如何提升抗逆力"。

(一)生态系统下的聋人抗逆力提升模型

已有相关研究显示,聋人适用的保护性因素存在于个体、家庭、学校和社区多个方面。因此,美国学者 Luft(2011)提出可将布朗芬布伦纳(Bronfenbrenner)的生态系统理论(ecological systems theory)应用于抗逆力提升实践,构建生态系统下的聋人抗逆力提升模型,为聋人抗逆力提升提供方向和途径。与生态系统理论一致,他将可提升聋人抗逆力的因素从内到外依次划分为微观系统(microsystem)、中间系统(mesosystem)、外层系统(exosystem)和宏观系统(macrosystem)四个层级。每个系统内部包含 4~7 项可为聋人抗逆力提供支持的具体因素,如微观系统包括清晰而开放的亲子沟通、稳定的婴儿养育者等,中间系统包括良好的家校关系、学校对少数群体家庭的关注等，外层系统包括提供就业指导的项目、为家长提供专业信息的人员等，宏观系统包括公众对聋人的认同、政府提供持续的早期诊断和干预服务等。

Luft（2011）表示，该模式可为抗逆力提升的干预研究提供非常明确的方向和路径。干预者可以将聋人抗逆力提升模型作为干预方案的菜单，根据干预对象的具体情况，从某一个或某几个系统入手，选择合适的干预方式，尽可能多地促进各系统内的保护性因素的出现，最终达到改善干预对象生态系统、提升个体和家庭抗逆力的目的。

抗逆力提升的干预是一个综合性的项目，需根据干预对象的具体情况灵活变化。这种综合性和灵活性相应地决定了干预效果评估的模糊性，既不能准确识别起作用的因素，也不能保证已被证明有效的干预方案同样适于其他聋人个体或家庭。

（二）聋人抗逆力提升干预项目

抗逆力研究本身从理论走向实践的时间并不长，聋人研究与抗逆力的"联姻"也仅有十余年，目前主要研究内容多集中于对聋人抗逆力内涵的讨论，真正付诸实践的干预项目为数不多。

针对聋婴幼儿的抗逆力干预实践通常面向整个家庭展开。美国科罗拉多家庭干预项目（Colorado Home Intervention Program）由卡罗莱纳大学Yoshinaga-Itano教授发起。这个项目始于1998年，目的是对在新生儿听力筛查中检测出的聋幼儿及其家庭进行个性化的早期干预。通过尽早确认听力损失（<6个月）、进行专业干预咨询、基于家庭优势和资源提供干预项目内容等措施，研究项目中的聋幼儿均发展出与其年龄相符的情绪和社会交往技能。接受了早期干预的聋幼儿父母，其情绪稳定度和养育压力也都与普通幼儿父母相似（Yoshinaga-Itano，2011）。

针对聋人个体的抗逆力提升实践研究始于对困境相似群体的模仿。美国学者Lee致力于提升美国少数族裔初、高中生的抗逆力。美国罗切斯特理工学院教授Listman及其同事（2011）认为，在普通学校接受融合教育的聋人和美国少数族裔有相似处境，如都是学校中的少数派，或多或少经历过排斥和歧视，因此可直接借鉴前者的研究。Lee（1993）认为，干预项目的目的在于帮助少数族裔初、高中生挖掘自身民族文化优势，实现自我认同，为其进入大学并在大学取得成功做准备。干预内容包括6个方面的课程，每个课程都有专业人员介入。少数族裔初、高中生抗逆力提升干预项目如表5-2所示。

表5-2 少数族裔初、高中生抗逆力提升干预项目（Lee，2006）

干预课程	具体内容
内驱力课程	对如何取得学校奖学金进行指导，借此激发个体的学习动力
家庭课程	心理学家对家长进行咨询和指导，要求家长每月参加一次讨论会议
社交课程	社会工作人员帮助个体所在高中和社区大学建立联系，帮助个体获取更多升学资源
语言课程	教师为家长和个体提供英语和西班牙语双语课程
抗压力课程	教师教授个体应对校园歧视的方法和策略
咨询课程	心理咨询师定期与个体会面，就青春期常见情绪、社交问题进行回答

美国学者Williamson（2007）进行了与Lee类似的干预研究。她对9位非裔美籍聋人青少年进行访谈后发现，他们的学业成绩普遍偏低，其原因并不完全源于青少年本身，而是部分源于其家庭、学校和所在社区的责任缺失。为此，她开展了一项抗逆力提升的干预项目，目的是联合多方力量，挖掘个体生活、学习环境中的优势资源，提升个体抗逆力，帮助个体在学业上取得成功。干预项目的具体内容包括向聋人青少年介绍优秀的非裔美籍成人和成年聋人，通过榜样的示范作用，让个体逐步接受并认同非洲文化和聋人文化；开展课后学业辅导活动，通过个体学业水平的提高改善其自尊水平；开展社交技能培训和情绪问题咨询，提升个体社会交往能力。个体、家长和教师在干预前、干预中和干预后分别接受访谈，个体的学业水平、社会交往能力和问题行为在干预后获得巨大提升和改善。但该项目的干预效果通过访谈得以体现，缺少数据评估，也没有后续研究跟踪干预项目对个体的持续影响。

美国加劳德特大学Lytle教授等（2011）通过对聋人群体进行访谈，总结了一个有利于成年聋人抗逆力形成和提高的社区课程方案。课程内容包括帮助个体参与聋人群体活动、促进个体与本地聋人进行文化交流、为个体介绍提供职业技能培训的聋人团体等。

五、研究述评

对聋人抗逆力内涵的追寻，对提升聋人抗逆力的尝试，过去十余年聋人抗逆力研究在理论和实践上的进展等，为今后聋人群体相关研究提供了新的视角和方向。

（一）从优势视角看待聋和聋人群体

研究抗逆力的使命是为了挑选"合适的人选"进行有效的干预。同时面临身心疾病、社会文化适应不良等多重逆境的聋人群体自然地成为抗逆力研究的对象。但有趣的是，尽管因逆境引起关注，聋人抗逆力研究的着力点始终放在挖掘聋、聋人个体及其生活环境的优势潜能上，如提出聋是风险触发点而非风险的直接来源；聋在特定文化环境内可为个体提供保护；聋人的成功应是多元化的，不应仅仅以生活在听人世界为荣；取得成功的聋人有来自家庭、学校和社会的支持系统等。这些观点尽管算不上标新立异，但已与过去用不同方法和数据反复证明聋人群体心理健康水平、社会交往能力、学业水平、适应能力等方面均低下的研究思路形成较大区别。

这一研究视角的改变，可为对聋人议题感兴趣的研究者提供更多有趣的研究方向，如厘清聋与失败之间的关系，扭转家长、学校和社会对聋人个体的低期望；总结聋人父母养育聋儿的经验，为养育聋儿的听人父母、聋儿干预者和聋教育者提供与聋儿有效沟通的策略；梳理成年聋人成长、求学和就业经历，提前为聋儿及其家长建立风险规避预案……以优势视角看待聋和聋人群体。与皮格马利翁效应相似，聋儿家长、聋儿干预者、聋教育者和聋人群体研究者只有自己先持有积极信念，才能将这种信念传递给聋人个体，并取得由积极信念转化而成的积极效果。

（二）基于个体所处生态系统设计干预项目

从前文对聋人保护性因素及聋人抗逆力干预研究的梳理可以看出，以聋人抗逆力形成与提升为目的的干预强调对个体所处的整个生态系统进行干预。干预对象既包括个体自身，又包括家庭、学校、社区和社会。干预形式包括集体教学、宣传讲座、心理咨询、信息传递等。干预内容涉及口语/手语训练、普通/特殊同伴陪伴、课外活动开展、家校合作、文化认同等多个方面。

反观过去十余年国内出现的与聋人相关的干预研究，干预对象范围狭窄，多限于针对聋幼儿及其家长的干预，干预内容也较为单一，多为聋儿语言训练、家长手语培训、家长心理辅导等，无法保证所有聋人家庭均从中受益。干预对象和干预内容的狭隘，会对干预效果的延续性和延展性造成影响。比如，很多干预项目旨在减轻聋儿家长的焦虑和压力，面向其展开讲座和咨询服务。但已有研究成果显示，聋儿家长的压力源多来自外部，如外界对聋的看法、普通学校对聋儿的排斥等（刘佳欣，2015）。仅针对聋儿家长开展干预，不将学校、社区纳入其中的话，聋儿家长压力的疏解可能只是一时之效。

着眼于整个生态系统的聋人抗逆力提升干预研究，可为我国聋人干预项目的设计提供新的思路，如统合聋人个体在所有生态系统中的优势资源，将所有可能为聋人个体提供保护性因素的生态系统都纳入干预范围，灵活选择分布在不同层次生态系统中的保护性因素，组成个性化的干预方案等。开阔、灵活的干预思路，综合、丰富的干预内容，是保证良好干预效果的重要前提。

（三）基于循证实践的干预效果评估

如前文所述，由于聋人抗逆力干预的综合性，我们难以准确判断究竟是哪一个或哪几个因素对干预效果产生了显著影响。对某个聋人个体或其家庭起作用的干预方案，很难保证能对其他聋人个体及其家庭起到同样效果。这两个特点决定了抗逆力干预项目实施的现实状况：多以个案研究的方式进行，干预效果评估数据多来源于观察和访谈，较少以单一量表作为效果评估依据。

当前干预实践强调应选择已被证明有效或正在形成效果的干预方法，即以循证实践（evidence-based practice）为导向。循证实践除强调量化和质性的评估数据外，还重视干预者经验、家长决策和干预对象的具体特点，多方面结合才能给予服务对象最佳的干预方案（魏寿洪，2011）。

已有的一些以质性研究形式呈现的聋人抗逆力干预效果，因缺少具有说服力的量化评估结果而受到了不同程度的质疑，这也是其他一些以个案研究为主的特殊需要儿童早期干预项目面临的相似困境。因此，在聋人干预项目设计和实施中，首先，要弥补干预效果评估数据方面的不足，除访谈、问卷、测验外，也可通过录像—编码—对照等方式呈现干预效果。其次，除关注干预对象的变化，研究中还应重视对干预者的监控和干预，因为干预者的信念和经验都会对干预效果起到显著影响。最后，重视聋人个体和家长的决策和参与意愿，即使干预内容和干预者完全相同，不同个体和家庭的干预效果也可能千差万别。只有如实观测和记录所有可能对干预效果产生影响的因素，才能真正了解评估效果由何而来、由谁保证，做到既基于有实证效果的已有研究进行干预，又让自身成为后续研究可参考的"证据"。

第三节 研究设计和思路

一、研究目的和研究问题

下篇研究的总目的为基于聋人个体所处的生态系统，如家庭、学校、社会等，从优势视角和抗逆力提升角度出发，探寻聋人个体优势、抗逆力表现和抗逆力生成路径等内容，建构我国聋人个体抗逆力生成模型。在此总目标的指导下，可划分出以下三个子目标，并确定相应的研究问题。

（一）子研究一："当聋人成为父母：一种亲子交流的手段"

1. 研究目的

该研究总结聋人父母使用自然手语，指导聋子女或听子女进行早期阅读的成功经验，揭示在家庭生态环境下，聋人作为父母所具备的语言和直觉养育优势。

2. 研究问题

(1) 聋人父母与子女共同阅读的支持条件为何？
(2) 聋人父母与子女共同阅读的有效策略为何？

（二）子研究二："作为聋人的子女：一种本土化的自我认同"

1. 研究目的

该研究以聋人子女为研究对象，对其在家庭、学校和社会不同场域下的自我认同进行探寻，并最终提出具有本土特色的自我认同模式。本研究可从他者角度，论证聋人作为父母，在直觉养育、亲子交流等方面的优势。

2. 研究问题

(1) 聋人子女在家庭场域中的自我认同为何？
(2) 聋人子女在学校场域中的自我认同为何？
(3) 聋人子女在社会场域中的自我认同为何？
(4) 超越具体场域，聋人子女建构出何种自我认同取向？

（三）子研究三："当聋人成为教师：一种有效的教学合作"

1. 研究目的

该研究以参与协同教学的聋人和听人教师作为研究对象，对其在课前、课上和课后的合作形式、合作内容和合作感受进行了深描。本研究从优势角度揭示在社会生态系统中，聋人作为社会人和专业人士，在从事教学工作、协同教学及与学生沟通等方面具备的优势。

2. 研究问题

(1) 聋人和听人教师如何进行协同教学实践？
(2) 聋人和听人教师如何处理协同教学合作关系？
(3) 我国聋人和听人教师协同教学的特征和本质为何？

二、研究思路

基于上述研究目的和研究问题，结合现实情况本研究包含三个子研究，研究思路如图 5-1 所示。

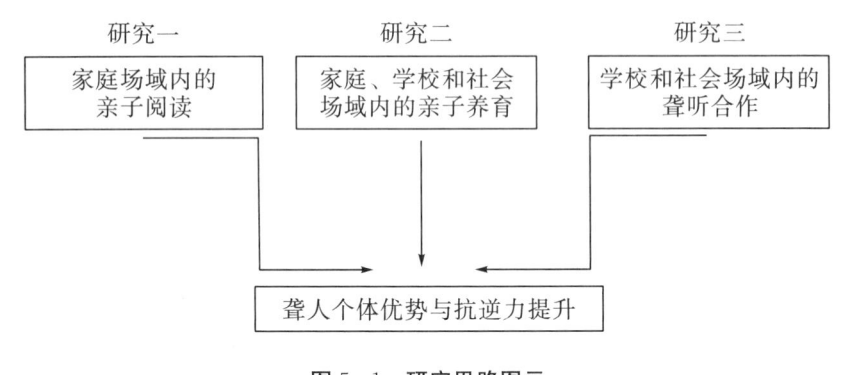

```
研究一              研究二                研究三
家庭场域内的    家庭、学校和社会        学校和社会场域内的
亲子阅读        场域内的亲子养育          聋听合作
          ↓         ↓         ↓
          聋人个体优势与抗逆力提升
```

图 5-1 研究思路图示

三、研究重点和难点

（一）研究重点

从研究目的出发，本研究的研究重点如下：
(1) 探明在不同生态系统下，聋人个体的优势所在。

（2）总结本土社会文化背景下，聋人个体抗逆力生成的主要路径。

（二）研究难点

1. 准确选择研究对象

基于研究目的和研究内容，需选择养育聋人子女或听人子女的聋人父母、聋人家庭中的听人子女，以及参与协同教学的聋人教师和听人教师等不同类别的研究对象。各类别研究对象的选择需数量适中，且具有一定的典型性和代表性，如研究对象选择不恰当，会对研究数据的收集和研究结果的分析和讨论产生较大影响。

2. 总结具有本土特色的我国聋人抗逆力生成路径

基于三个子研究，本研究的最终目的是提出具有我国本土特色的聋人抗逆力生成路径，尽量涵盖聋人在家庭、学校和社会不同生态系统下的抗逆力表现和抗逆力生成历程，尽可能为我国聋人的家庭教育、学校教育和职业教育提供借鉴和启示，切实改变我国聋人群体的社会生存环境，提升聋人生活质量。

第六章　当聋人成为父母：一种亲子交流的手段

有研究发现，与出生在听人家庭的聋儿相比，出生在聋人家庭的聋儿拥有更多与父母共同阅读的经验和更强的书面阅读能力。聋人父母会在参与早期阅读的过程中有意或无意地使用一些策略，以提高阅读的有效性和趣味性。本章通过文献分析，对国内外聋人父母早期阅读相关研究进行系统梳理和总结，提炼出聋人父母阅读支持条件和策略，为其他养育聋人子女、以自然手语为主要沟通手段的家庭提供切实可行的阅读指导建议。

本章分为六节：第一节介绍研究背景；第二节总结聋人父母与聋儿共同阅读的支持条件，具体包括阅读语言以自然手语为主、阅读活动专门化、阅读材料丰富化、阅读材料均为图画书等；第三节梳理聋人父母与聋儿共同阅读的策略，具体包括吸引和维持视觉注意、自然手语阅读和营造良好阅读氛围三方面的策略，每个方面又包含具体的实操策略；第四节为本研究对我国聋儿早期干预研究者的启示；第五节为本研究对听人父母及聋儿早期干预工作者的启示；第六节为本章小结。

第一节　研究背景

对大部分听力正常的个体而言，最初的早期阅读（early reading）通常发生在幼年期的家庭环境中，并以与父母共同阅读的形式进行。早期阅读帮助幼儿形成基本的阅读技能，如了解书籍功能、学会逐页翻书等，为幼儿进入小学接受正式阅读教学提供准备，继而帮助其实现阅读能力的持续提高（Ann，2006）。已有大量研究表明，拥有相当早期阅读经验的个体更有可能成为成熟的阅读者，并获得更高的学业成就（Chail，1995）。但出生于听人家庭的聋儿与父母共同阅读的机会微乎其微。一项针对聋人大学生的调查研究显示，仅有20%的聋人幼年时曾有过与父母共同阅读的经历，并且通常没有在共同阅读的过程中获得乐趣（Schleper，1995）。听人父母很少与子女进行共同阅读的原因包括其对使用手语感到不自在、手语词汇有限、不知该如何在书籍和幼儿之间切换视线，以及很少从幼儿身上得到积极反馈等（Ann，2006）。

还有一部分聋儿出生在聋人家庭[①]，家庭成员之间语言和文化的一致性和听人家庭相似（Marschark，1997）。这种家庭环境不仅促进了共同阅读时间的增加，而且父母在阅读过程中也会自然而然地使用更加符合聋人习惯的阅读和交流方式以提高阅读效率。美国学者Meadow及其同事（1981）进行的一项早期的纵向研究表明，拥有更多有效共同阅读经验的聋人子女，不仅在后期会发展出和听力正常的同龄人相似或更强的语言能力，还能更好地控制冲动，拥有更高的成熟度和更强的责任感。鉴于此，不少研究者开始关注聋人父母在参与早期阅读过程中使用的策略，并呼吁听人父母向聋人父母学习，以提高早期阅读的趣味性及有效性。本书以听力障碍（hard of hearing/hearing impaired）、聋（deaf/deafness）和阅读（read/reading/literacy）为关键词，在Proquest、Web of Science等数据库进行交叉搜索，共筛选出符合主题的国内外文献共25篇。在此基础上，本书对相关研究进行系统梳理，从聋人父母共同阅读的支持条件和具体策略两方面进行总结，希望能为我国聋儿早期干预的研究者、聋儿早期干预项目的实施者和聋儿听人父母提供借鉴和启示。

[①] 这里的聋人家庭指父母中有一位为聋人或父母双方均为聋人的家庭。

第二节 共同阅读支持条件

为引起聋儿对阅读的兴趣，尽早进入阅读的世界，聋人父母可通过使用聋儿熟悉的语言、提供聋儿易于接受的阅读材料、丰富阅读内容等途径，为聋儿阅读兴趣的萌发提供充分的支持条件。

一、阅读语言以自然手语为主

在25篇文献中，绝大多数聋人父母在共同阅读过程中都使用自然手语为聋儿阅读故事，仅有1对聋人父母因从小在强调口语的聋校接受教育，因此在阅读过程中偶尔会使用口语，如需强调某个词语的口形或遇到拟声词时，但他们在解释词语含义和讲述故事时全部使用自然手语，并且从未同时使用过手语和口语（Andrews，1987）。另外，无论聋人父母的受教育程度如何，都未出现使用手语英语（signed english）的情况。在美国学者Akamatsu和Andrews（1993）的个案研究中，受访的聋人母亲表示，使用自然手语是聋人家庭的必然选择，自然手语的空间性和形象性能帮助其更好地叙述故事情节，也更有利于聋儿的理解。

二、阅读活动专门化，阅读材料丰富化

25篇文献所涉及的所有聋人的阅读活动都是在家庭环境内进行的。其中有11篇具体描述了13个聋人家庭阅读环境的建构，涉及20位聋人父母。这些聋人父母每天和子女阅读1~2次，每次阅读时间至少为30分钟，并且有专门的阅读地点（如卧室、客厅的沙发或地毯上），阅读过程中会尽量避免其他事务的干扰（如看电视、打手机等）。有4个聋人家庭为子女购买的图书数量在30本以上，并且为其准备了独立的书柜。还有聋人父母为子女提供多种书写材料，并允许其自由使用电话文本设备。这对聋人父母表示，

聋儿能在这些与字、词、句自然接触的过程中，尽早了解书面语言的用途，掌握一定的前阅读技能（pre-reading skill）（Andrews，1987）。

三、阅读材料均为图画书

受共同阅读的研究主题限制，相关研究涉及聋儿的年龄均在 9～36 个月，共同阅读使用的图书种类均为图画书（picture book）。在图书内容的选择上，有聋人父母表示应根据聋儿自身的兴趣进行选择。在其中一个个案研究中，尽管被试家庭中两名幼儿均为男生，但拥有的图画书类别各不相同。哥哥的图画书以军事题材为主，弟弟的图画书则以神话题材为主（Andrews，1987）。美国学者 Woude 和 Barton（2003）在对一个聋人家庭共同阅读过程进行跟踪观察后建议，聋儿阅读材料的选择应与听力正常儿童一致，都应从图画过渡到文字，故事情节从简单过渡到曲折。另外，阅读材料何时从图画书过渡到故事书（storybook）应由聋儿自身语言发展水平决定，不应设定统一的年龄标准。

第三节　共同阅读策略

除提供充分的阅读支持条件外，聋人父母会有意或无意地使用一些策略，以最大化发挥聋儿视觉输入的优势，弥补聋儿对抽象内容或口语词汇理解的不足，以及预防阅读语文化的倾向等。这些直觉化的养育意识也是聋人父母与听人父母最大的区别之一（Koester，2010）。

一、吸引和维持视觉注意的策略

如何教会聋儿看向正确的地方、如何吸引和维持聋儿的注意力是开展有效共同阅读需解决的第一个问题。在阅读过程中，聋人父母使用的吸引和维持聋儿视觉注意的策略包括强调聋儿的目光注视（eye-gaze）、有意识地使用视觉-触觉沟通（visual-tactile communication）策略等。

（一）强调聋儿的目光注视

目光注视即聋人父母与聋儿之间保持目光接触，是聋人父母确认聋儿注意方向和理解程度的重要手段。美国学者 Bailes 及其同事（2009）对一个聋人家庭中的新生聋儿进行了长达三年的跟踪研究，以了解其手语和书面语的发展历程。她们在观察中发现，在阅读或交谈的过程中，一旦聋儿的视线从父母的脸上移向别处，这对聋人父母会立即停止动作，直至重新获取聋儿的目光注视后对话才会继续。

在获取聋儿目光注视前耐心等待是聋人父母在阅读和交流过程中经常会使用的策略之一。当聋儿对周围环境进行观察时，聋人父母不会进行干预和评论，他们会给聋儿充分收集周围环境信息的时间，并在重新获取聋儿目光注视后积极给予回应（Loots，2005）。美国学者 Spence 及其同事（1992）在研究中发现，参与研究的 5 对聋人父母中，有 70％会在聋儿看向别处时耐心等待；而 12 对听人父母中仅有 16％会这样做，听人父母往往将聋儿的目光转移看作交流中断，并急于拉回聋儿的视线。

另外，在阅读过程中，聋儿的目光会在阅读者和阅读材料之间不停切换。为了更好地了解聋儿目光注视的方向、减小聋儿目光转换的幅度，聋人父母会有意识地在自身、图书和聋儿三者之间构建一个动态"三角区"，即在使用手语时尽量靠近聋儿或靠近图书，通过手语发生位置的调整，让手语和相关物品同时出现在聋儿的视线内（Harris，1997）。这种手语位置变化的策略通常在聋儿 7~18 个月大时使用，到聋儿 20 个月时，聋人父母的手语会恢复到正常位置（Harris，2000）。

（二）使用视觉-触觉沟通策略

已有大量研究显示，在阅读和交谈过程中，聋人父母会通过挥手、触摸等方法吸引和维持聋儿的注意。这种通过视觉和触觉感觉通道传递信息的方法被称为视觉-触觉沟通策略（Loots，2003）。这种策略具体包括在聋儿视线内挥手或晃动玩具，移动手势或图书的位置，拍打图书或地板，做出惊讶、疑问等夸张表情，轻触聋儿的身体，以及直接在聋儿身上打出手语等。从聋儿 6 个月大开始，聋人父母便有意识地使用这些策略，在聋儿 12~18 个月大时，策略使用的频率显著上升。

在上述视觉－触觉沟通策略中，研究者关注较多的是聋人父母如何使用触觉来引起和维持聋儿的视觉注意。根据英国学者 Koester、Brooks 和 Traci（2013）的观察，聋人父母在阅读过程中常常会使用连续轻拍、轻按或移动聋儿身体和四肢的方式来主动引导聋儿的注意方向。聋儿被接触最多的身体部位是腿部和足部，其次为胳臂和手部，头部和面部的接触最少。另外，每次身体接触的时间都少于 1 秒，聋人父母通过这种快速接触提醒聋儿新的信息即将出现。通过对比，Koester 及其同事（2000）发现，在聋儿 0~6 个月大时，听人父母和聋人父母使用触觉策略的次数相当，但当聋儿 6~9 个月大时，聋人父母接触聋儿身体的次数持续增加，而听人父母则逐渐倾向于使用声音变化来吸引聋儿注意，前者使用触觉策略的数量是后者的 3~6 倍。研究者建议听人父母应尽早向聋人父母学习这种使用触觉吸引聋儿注意的策略。

二、自然手语阅读策略

（一）利用手指语建立手语和书面语的联系

聋儿在学习书面语时，需先理解某个或某句手语的含义，然后将其与相应的书面语联系，但手语和书面语并不是一一对应的关系。对初接触书面语的聋儿来说，在手语和书面语之间加入手指语的转换，能帮助其更好地建立起两者的联系。通过实际观察，研究者发现聋人父母在阅读过程中，经常会使用手指语对故事中出现的新词、专有名词和重点词汇进行强调。如英国学者 Haptonstall-Nykaza（2007）、美国学者 Golos（2010）等在文章中总结，聋人父母会先打出某个词汇的手语，然后呈现手指语打法，最后在图书中指出其书面语形式，或者他们会将手语、手指语和指点三种方式灵活组合、反复呈现。这种以手指语为桥梁，建立手语和书面语联系的方法被称为"夹层（sandwiching）法"或"链接（chainning）法"。

（二）使用聋儿导向的手语

成人（尤其是母亲）在与婴幼儿交谈时会不自觉地放慢说话速度、提高说话音调、增加重复次数，这种交谈模式被称为"儿童导向的谈话"（Child-Directed Speech，CDSp）。相应地，聋人父母在为聋儿阅读的过程中，也会有意识地对自然手语进行调整，使用"儿童导向的手语"（Child-Directed Signing，CDSi），以使语言信息变得更易理解、更具趣味。这种手语的特点包括加大手势动作幅度，增加其停留时间和重复次数；尽量使用语法结构简单的句子；手语发生时尽量靠近儿童或指代物品；辅以更为夸张的面部表情等（Bailes，2009）。聋人父母通常自聋儿出生就使用儿童导向手语与其交谈，在聋儿6~19个月时使用频率最高，之后随着聋儿对手语和书面语认知的增加，交谈模式逐渐与成年聋人趋同（Cramér-Wolrath，2011）。

（三）使用自然手语对阅读元语言进行解释

阅读元语言（metalanguage of reading）是指与书面语本身有关的语言。美国学者 Andrews 和 Akamatsu（1993）对一名2岁聋儿进行了为期三年的纵向研究，通过观察发现，在聋儿最初接触图画书时，聋人父母会使用自然手语对"词汇""图画""故事""书籍"等阅读元语言进行专门解释。Bailes（2001）在研究聋校学前教师教授阅读技巧时发现，教师对书面语专有词汇进行解释会大幅度提高聋生的"元语言意识和书面语知识"，帮助其描述和理解所学书面语言。

除基本的阅读元语言外，阅读材料中可能会出现与韵律和音调相关的词句，如拟声词、顺口溜等。聋人父母在遇到这些特殊的书面语时，也会使用自然手语对其形式和含义进行专门解释（Berke，2013）。例如，向聋儿说明字体的逐级增大可能表示音量的逐渐提高；"呼噜"是一种声音，"'咻'的一声消失了"表示速度很快；有些句子末尾的词汇看起来很像，读起来可能也相似（如 cave 和 behave），这种有韵律的词句可以组合成"顺口溜"或"诗歌"。聋人父母表示，对这些细节的解释能帮助聋儿理解书面语的规则，为其今后独立阅读提供支持。

（四）在阅读中融入聋人文化

语言属于文化的一部分，文化通过语言得以渗透。在使用自然手语进行阅读的过程中，聋人父母会有意使用一些策略，以期让聋儿尽早了解聋人文化。其中最重要的策略之一是为故事中的角色赋予手语名字。在开始阅读一个新故事时，聋人父母会让聋儿为故事主要角色创造手语名字，所有名字均由聋儿自己决定，阅读过程中也可按聋儿意愿随时更换（Berke，2013）。另一种策略是利用自然手语的空间性表示故事角色变化，如固定使用左手或右手代表某特定角色、利用身体朝向变化表示对话角色变化等（Berke，2013）。另外，在遇到"听""声音"等词汇时，有的聋人母亲会根据语境调整自然手语，如将仅靠近耳朵表示"听"的手势变为先靠近耳朵再靠近眼睛，或者直接将"认真听"的手势替换为"注意看我"（Berke，2013）。

三、营造良好阅读氛围策略

除上文已总结的实践策略外，阅读过程中的互动氛围也是评价一个共同阅读过程是否成功的重要参考。Andrews 和 Taylor（1987）在研究中详细描述了一位聋人母亲营造积极阅读氛围的方法。这位聋人母亲总是积极地回应聋儿提出的问题并给予正确回答，乐意与聋儿共同讨论阅读过程中出现的各种想法，很少用严厉或消极的态度对待聋儿。在结论中，研究者建议听人父母向聋人父母学习以聋儿为主导、从聋儿的兴趣出发设计活动的态度和方法，适当减少自己在阅读活动中的控制权。1995 年，美国加劳德特大学发起了旨在提高聋儿共同阅读数量和质量的"共同阅读项目"（shared reading project）。通过一系列研究，该项目最终总结出 15 种为聋儿阅读的策略。除使用自然手语、强调目光注视、适当进行角色扮演等实践策略外，还专门提出 3 种营造良好阅读氛围的策略，分别是阅读者应跟随聋儿的引导、在阅读中积极使用正强化和树立聋儿会变为"熟练阅读者"的积极期望。

第四节　对我国聋儿早期干预研究者的启示

一、开展聋儿汉语阅读策略的本土化研究

系统描述和总结聋儿共同阅读策略的研究多来自使用英语的国家。上面提到的手指语中介、元语言认知等阅读策略也仅限于以英语书面语为阅读材料的情境，未证明其同样适用于其他非英语书面语的阅读。如美国手语中手指语直接与英语字母对应，而我国手语中手指语仅与汉语拼音联系，并不能帮助聋儿直接识记汉字。又如汉字和英语单词相比，结构更为复杂，变化形式也更多样，但音、形、义结合的特点可以为聋儿提供更多视觉解码的线索（周兢，2010）。阅读语言的不同决定了聋儿在阅读过程中使用策略的不同。因此，我国聋儿早期干预研究者需从汉语阅读环境出发，探寻适于我国聋儿的本土化共同阅读策略。

二、重视研究中的跨文化性

不同家庭之间的结构、氛围、需求等方面不同，聋人和听人在语言、沟通和交往方式上也有较大差异。研究者需考虑到不同家庭和不同群体在文化上的差别，以个别化和开放性的态度进行研究设计、实施和讨论。例如，以某家庭的独特语言需求为基础考虑该家庭使用阅读策略的有效性，研究者自身需具备与聋人、听人均能良好沟通的双语能力，或研究团体中有聋人和听人共同加入，在对阅读活动进行分析时，能从聋人和听人的不同角度解释某行为的含义和作用。

三、强调研究中聋儿和父母的交互影响

早期聋儿共同阅读策略的相关研究通常把关注重点集中在聋人父母身上，并不重视聋儿的反应。随着美国学者 Stern（1995）的交互主体发展理论（Intersubjective Developmental Theory）的提出，共同阅读过程中父母和子女相互影响、共生发展的交互作用逐渐受到关注。对聋儿早期干预的研究者而言，要完整描述聋儿共同阅读活动、探寻具有普适性的阅读策略，还需将父母和聋儿在阅读过程中的行为、反应和互动情境一并纳入考量。在考虑访谈对象时，除聋人父母之外，聋儿本身和到家参与指导的早期干预教师的声音也值得关注。另外，除固定时间段的共同阅读活动外，对贯穿于日常生活或游戏中的书面语习得行为（如广告牌识记、自由书画等）进行观察，可以为判断阅读策略的有效性提供依据。

第五节 对听人父母及聋儿早期干预工作者的启示

聋人父母在共同阅读过程中对阅读语言、环境、材料和氛围的综合把握，以及对如何吸引聋儿注意、促进聋儿理解等阅读技巧的灵活使用，也可为听人父母及聋儿早期干预工作者提供一定启示。

一、转变对待聋人及聋人文化的态度

已有较多量化及质性研究表明，聋人父母在养育聋儿方面有其独特优势。从自身需求和经验出发，聋人父母知道该如何吸引聋儿目光、如何让聋儿享受阅读、如何在阅读中引入聋人文化，以及如何教给聋儿终身受益的阅读技巧。对听人父母和聋儿早期干预者来说，要让共同阅读变得更有意义、更具效果，需要转变对待聋人及聋人文化的态度，看到聋人父母的优势，与聋人父母一样将聋儿当成一位有能力、有条件，只是对视觉环境有一些独特

需求的阅读者看待。与学习具体阅读技巧相比，这种转变可能更加困难，但对实现成功的共同阅读来说却最为重要。

二、使用自然手语进行阅读

在聋人父母的共同阅读过程中，最突出的阅读策略是使用自然手语。聋人父母表示，借助自然手语本身的视觉性和空间性，能够将故事内容表现得更为形象、清晰和有趣。对有条件的听人父母来说，应尽量学习自然手语，以聋儿最易接受的语言进行阅读和交流。聋儿早期干预项目也可以通过聘请聋人教师或熟练的双语使用者为听人父母提供支持。另外，通过开设视觉-触觉沟通培训课程、回放并修正听人父母共同阅读活动（Muller，2010）等方式，也可以帮助听人父母尽早建立视觉沟通的意识，促进其对自然手语的学习和使用。

三、强调阅读的趣味性

听人父母或其他健听成年人在与聋儿进行共同阅读时，往往会不自觉地将重点放在考查聋儿对某个词汇或某个句子的掌握程度上（Swanwick，2005），频繁的释义或发音矫正让阅读活动变成枯燥的语言课，过多的中断也会降低聋儿的阅读流畅度，继而影响其对阅读目的和故事整体含义的理解。为了改变绝大部分聋儿不能与听人父母共同获得阅读乐趣的现实，听人父母需要建立阅读活动既是学习也是享受的意识，在阅读过程中重视聋儿自身的反应，避免过多打断、提问和引导。共同阅读的目的在于父母牵引子女进入故事营造的世界，而非停留在门外敲打构成故事的砖墙。

四、以家庭为中心开展阅读活动

在已有的相关研究中，所有的共同阅读活动都在家庭中展开，直接参与阅读活动的成人均为父母而非早期干预者。因此，以家庭为中心、面向父母开展阅读活动是聋儿早期干预的必然趋势。但在相似的生态环境下，每个家庭的结构、语言环境、资源和需求又各有不同。如何基于家庭的独特性提供有针对性的干预服务是聋儿早期干预项目需要认真思考的问题。另外，在实际开展共同阅读的过程中还会遇到很多尚存争议的问题，如何时开始第一次阅读，是否能用手语汉语（Signed Chinese）进行阅读，如何判断阅读材料是否适合聋儿水平，何时将绘本替换为以文字为主的故事书，阅读中能否用常见词汇替代生僻词汇，等等。早期干预工作者需以谨慎的态度看待每个问题及背后的争论，尽量尊重聋儿父母的意见和选择。

第六节　本章小结

本章研究为下篇系列研究中的第一个子研究，将研究场域放置于家庭内部，将聋人身份背景变更为父母，试图回答聋人成长为父母后，在早期阅读、亲子交流方面具备何种优势，以此回应聋人个体是否具备合格亲职能力的学术争议。研究路径为对国内外相关文献进行系统梳理和回顾，通过对从优势视角总结聋人父母亲子阅读策略的相关文章进行了分析，总结出聋人父母亲子阅读的支持条件和常用的阅读策略。

研究发现，首先，聋人父母为亲子共同阅读设置了一些支持条件，如阅读语言以自然手语为主，为阅读设置专门的时间和地点，阅读材料以绘本为主且数量、内容丰富。其次，在阅读策略上，聋人父母依托手语，对阅读中常见的如何"维持注意""保持兴趣""拓展认知"等关键问题进行了妥善回应。比如，在吸引注意方面，聋人父母强调聋儿的目光注视，并且注意使用视觉－触觉沟通策略，即保证视觉刺激和触觉刺激的同时输入；在自然手语的学习方面，聋人父母注重为聋儿输入手指语的概念，手语呈现以聋儿为中心，手语呈现速度慢、动作幅度大，会有意对绘本中出现的拟声词进行解释，并注意在阅读中引入聋人文化，如用左、右手切换表示人物角色变化等。最后，在阅读氛围上，聋人父母往往会有意减少自己在亲子阅读中的控制权，顺应聋儿的兴趣和关注点，积极营造良好的家庭阅读氛围。

优势视角与抗逆力提升：
　　聋儿家庭与聋人个体

　　本章研究分别为我国聋儿早期干预研究者和聋儿早期阅读实践者提出了一些建议。在理论研究方面，未来研究需重视聋儿汉语阅读策略中的本土性和跨文化性，基于汉语的音、形、意特点建立与自然手语的联系，并在研究团队中引入聋人成员，充分理解和尊重聋人文化。在实践方面，无论是听人父母还是专业干预工作人员，都应首先转变对待聋人和聋人文化的态度，以优势角度看待聋人父母，学习其亲子共同阅读的技巧，最重要的是学习其对待聋儿的积极态度，相信聋儿会成长为"熟练的阅读者"；其次应以自然手语作为主要的阅读语言，并在家庭场景中，展开充满乐趣、儿童愿意参与的亲子阅读活动。

　　本章研究在总结前人已有文献的基础上，明确提出应以优势角度看待聋人父母，呼吁听人父母、聋儿早期干预研究者和实践者向聋人父母学习，对其在面向聋儿开展的亲子共同阅读活动中使用的各种策略进行观察、模仿和练习。该观点与以往相关研究中质疑聋人父母亲子沟通能力的研究结果形成对比，具有一定创新性和突破性。但本章研究仅为理论研究，研究结论基于前人已有文献提出，尚未实践，且研究场域仅局限于聋人父母和聋儿的家庭内部，尚未延展至学校、社区和社会。因此，在下一章，研究视角将会切换至聋人家庭中的听人子女，通过他们的讲述，可以更加清楚地了解在听人子女成长过程中，聋人父母的亲职能力是否得到充分体现。

第七章 作为聋人的子女：
一种本土化的自我认同

聋人家庭中的听人子女作为连接聋人群体和听人群体的桥梁，其自我认同值得关注。本章基于华人自我四元论，对七位来自聋人家庭的青年听人子女进行访谈，发现其在不同场域下建构出不同的自我认同：他们在家庭场域下表现出与寻常家庭无二致的"常人认同"，在以熟人关系为主的学校场域下表现出听人认同，在以生人关系为主的宏观社会场域下表现出聋人认同。上述三种社会取向的自我认同呈自卫型共存关系，同时还出现微弱的超越具体场域的个人取向自我，但目前尚不明确和稳定。未来，家庭、学校和社会应对聋人家庭中的听人子女自我认同的发展给予更多关注，以帮助其形成更为自洽和有序的统整性自我系统。

本章分为七节：第一节介绍研究背景；第二节阐释研究的理论视角；第三节详细介绍研究设计，包括研究对象的选取、研究数据的收集和分析；第四节为研究结果，详细展现聋人家庭中的听人子女在家内场域、家外场域和超越具体场域中的互动与自我认同；第五节为结合已有文献和相关理论对研究结果展开分析和讨论；第六节为结论和启示，建构了我国聋人家庭中的听人子女的自我认同模式，并就如何对该群体提供家庭教育、学校教育和职业教育支持提出了建议；第七节为本章小结。

第一节 研究背景

在聋教育和聋人文化研究领域中,有一个非常特殊的研究群体——聋人家庭中的听人子女(Children of Deaf Adult, CoDA)。他们虽然听得见,但是生于聋人家庭(父母双方或一方是聋人),手语是其第二语言甚至母语,加之对聋人文化非常了解,因此常常被称为"听得见的聋孩子"(deaf hearing kids)(于松梅,2009)。兼具听人和聋人的双重身份属性,常常让他们产生"我是谁""我会变成什么样"的困惑。在已有关于聋人家庭中的听人子女的自我认同研究中,有的听人子女认为自己是听人,因为自己能够听见(Hadjikakou,2009);有的听人子女认为自己是听得见的聋人,因为从小生长在聋人家庭,是文化意义上的聋人(Moroe,2019);还有的听人子女愿意将自己定义为同时浸润于聋人文化和听人文化的"双文化者"(bicultural individual)(Singleton,2000)。在可交流的同伴稀少、家内外文化冲突、家庭口语发展环境不足、子女和家长"保护者"角色颠倒等现实因素的冲击下,很多听人子女终其一生都徘徊在听人世界和聋人世界,寻找自己的身份认同和文化取向(Harrison,2019)。一位自身即在聋人家庭的美国听人学者Preston(1994)访谈了150位聋人家庭中的听人子女,最后得出的结论是:我们既不是聋人也不是听人,我们既是聋人又是听人(we are neither deaf or hearing, we are both deaf and hearing)。

西方社会文化语境下相对丰富的研究结论,在我国社会文化语境下却并不一定能直接迁移使用。首先,在我国,手语还没有被法律正式承认为一门独立的语言(许江媛,2013);其次,聋人文化在我国是否存在也尚存争议(张松柏,2010)。这些现实情况使得"文化意义聋人""双语双文化者"等研究概念在我国是否适用仍然存疑,同时也可能导致生长在我国社会文化环境下的聋人家庭中的听人子女形成完全不同于西方研究结果的自我认同。鉴于该群体的复杂性和特殊性以及该议题的文化特异性,在目前国内相关研究还十分有限的现实背景下,有必要立足于我国社会文化环境,开展关于我国聋人家庭中的听人子女的自我认同的本土化研究，为其他有共同处境的人群提供参考，也为家长和普通教育、特殊教育、社会工作、心理咨询等领域的工作者提供启示。出于对自我认同相对稳定性的考量，本研究以七名出生于聋人家庭的听人青年子女（平均年龄为 21 岁）为研究对象，使用质性研究方法，通过个别访谈和实物收集，探寻"我国聋人家庭中的听人子女的自我认同究竟为何"的研究问题。

第二节 研究理论视角

自我认同（self-identity），又被译为身份认同，是指个体对自我身份的确认和对所归属群体的认知，以及伴随的情感体验和对行为模式进行整合的心理历程，用以回答"我是谁""我属于哪个群体"两个问题（张淑华，2012）。在本研究中，聋人家庭中的听人子女的自我认同，是指身处聋人家庭中的听人子女，由于家庭环境和自身生理状况，同时接触聋人群体和听人群体，在与两个群体的协商和互动过程中，对自身归属哪个群体的认知和描述。

因其复杂性和动态性，自我认同一直以来是心理学、社会学等领域广泛讨论的研究问题，学界也相继涌现出多种理论来对其成因、类型等内在机制进行深入探讨，其中颇具影响力的理论包括自我同一性理论、认同理论、社会认同理论等（伊利斯克，2019）。这些理论都植根于西方社会，反映的是以美国、欧洲等国家和地区为主的个体和群体特性。有研究者指出，西方人（以美国为代表）和东方人（以中国人和日本人为代表）对自我的理解是完全不同的（杨宜音，2015），这决定了在研究我国本土问题时对西方自我认同理论直接照搬是不合适的。已有多项植根于我国的自我认同相关研究表明，我国社会独特的"差序格局"，以及大众对"关系""熟人"和"生人"的理解，显著影响了其对群己、群体和群际关系的认知，表现出大量关系型的自我认同类型（杨宜音，2008）。因此，有学者指出应基于我国社会文化背景和华人社会心理特点，使用具有本土特色的理论对本土化的自我认同问题进行深入研究（郑伯埙，2006）。

在这方面做出卓越贡献的是华人心理学家杨国枢。他根据传统华人表现出的集体主义"互依我"自我内涵和当代华人逐渐增加的个人主义"独立我"自我内涵，提出华人自我四元论，包括家族取向自我、关系取向自我、他人取向自我和个人取向自我，其中前三者共称为社会取向自我，与个人取向自我共同构成个体和环境互动最基本、最重要的两种模式（见表7-1）（杨国枢，2006）。该理论被称为迄今为止针对中国人自我概念提出的最为系统的心理表征，既非全盘照搬西方"独立自足的自我"，又对我国文化原型中"互依包容的自我"进行了改良，是传统和现代自我内涵的交错与并存（陆洛，2009）。

表7-1 华人自我四元论基本内涵

自我认同维度	具体维度	内涵
社会取向自我	家族取向	个体在家族或企业组织等团体社会生活场域中对自我的觉知
	关系取向	个体在平行式或垂直式的熟人关系场域中对自我的觉知
	他人取向	将某些非特定的、为数众多的陌生人概化为他人，探寻个体和陌生人在互动过程中对自我的判断和觉知
个人取向自我	—	跨越情境、时间表现出的真实和高度个体化的自我

本研究选取杨国枢提出的华人自我四元论作为理论分析视角，一方面符合本研究中研究对象所处的社会文化环境；另一方面也有利于从其社会和个人两个取向入手，对当代聋人家庭听人子女的自我认同进行深入剖析，以进一步对其自我认同特征和结果展开本土化分析。

第七章 / 作为聋人的子女：一种本土化的自我认同

第三节　研究设计

一、研究对象的选取

本研究首先采用目的性抽样，确定一位熟识的聋人家庭中的听人子女作为第一位研究对象，然后请该研究对象邀请其相识的、同样出生于聋人家庭的听人朋友参与研究。该研究对象发出邀请后，先后有六位聋人家庭中的听人子女答应接受访谈。七位研究对象均来自东部沿海地区，平均年龄为21岁。其中 C5 和 C7 两位都在小学时因家校距离远搬离了父母家，和听人亲戚一起生活至高中，直至大学才搬回自己家居住；其余五位研究对象则一直和自己的父母共同生活。研究对象的基本情况见表7-2。

表7-2　研究对象基本情况

研究对象简称	性别	年龄	父母听力状况	就读/就业情况	专业/职业是否与聋/手语相关	是否曾搬离核心家庭
C1	女	22岁	父母皆为聋人	在校大学生	是	否
C2	女	21岁	父母皆为聋人	在校大学生	否	否
C3	女	22岁	父亲为聋人，母亲为听人	已就业	否	否
C4	女	22岁	父母皆为聋人	已就业	否	否
C5	男	19岁	父母皆为聋人	在校大学生	否	是
C6	男	17岁	父母皆为聋人	在校高中生	否	否
C7	男	21岁	父母皆为聋人	在校大学生	否	是

二、研究数据的收集和分析

（一）访谈法

笔者分别对七位研究对象进行了一对一的半结构式访谈，访谈提纲分为家庭经历、学校生活、社会生活和自我认同四个维度，共 23 个问题。其中，C1 和 C2 为面对面访谈；其余五位研究对象受地理空间限制，采用网络访谈的方法，通过语音通话完成访谈。其中两位研究对象表示，考虑到是网络访谈的方式，他们才愿意参与，因为这样让他们感觉更加放松。如果采用面对面访谈的方式，他们可能会拒绝参与研究。每位研究对象访谈次数为一次，每次访谈持续时间最短为 50 分钟，最长为 120 分钟，平均时长为 86 分钟。在每次访谈开始前笔者均征得访谈对象同意，对访谈内容进行录音，在访谈结束后对访谈录音进行逐字转写，共收集约 7 万字文字资料。

（二）实物收集法

在参与研究前，研究对象 C1 向笔者提供了一篇由她本人撰写的有关聋人文化的文章，该文章是笔者了解其对聋人和聋人文化态度的重要参考资料。另外，笔者分别添加了七位研究对象的微信，其微信朋友圈中对家庭趣事、人际交往和心情的记录，均可作为对访谈内容的重要补充和验证来源。

（三）研究数据的分析

笔者首先在反复通读访谈文本和实物资料的基础上，将研究资料打散重排，以新的方式进行组合，发现概念类属并予以命名，完成第一轮开放式编码；其次将上述开放式编码进行分类，形成有意义的主题和类属，完成第二轮关联式编码；最后使用代码对上一轮主题类属进行概括，挖掘核心类属，梳理研究资料的"逻辑线"，完成第三轮选择式编码（资料编码表见表 7-3）。

表 7-3　资料编码表

第一轮选择式编码	第二轮关联式编码	第三轮开放式编码
沟通方式、手语习得、父母沟通、父母养育行为、替父母承担角色	家内互动语言、家内互动关系、家内承担角色	家内场域下的互动与自我认同
同伴关系、性格变化、旁人态度、亲近聋人、平常心	学校场域下的互动与自我认同、社会场域下的互动与自我认同	家外场域下的互动与自我认同
父母耳聋对家庭的影响、父母耳聋对自己的影响、我是谁	对"我是谁"的本土化拆解、对"我是谁"的本土化回答	超越具体场域的互动与自我认同

第四节　研究结果

一、家内场域下的互动与自我认同："我和别人没有什么不一样"

出生于聋人家庭、父母中有一方或双方为聋人，是研究对象与其他普通听人最大的区别。与聋人父母的互动语言、互动关系和在家庭中承担的角色，显著地影响着聋人家庭中的听人子女对自我身份的判断。

（一）家内互动语言：自然使用的手口双语

本研究中所有研究对象均表示能同时使用口语和手语，但并不是"平衡的双语使用者"，口语的使用相较手语更为强势，在习得途径和使用语境上也存在较大差异。七位研究对象的口语习得均受益于和聋人父母共同居住的祖父母或外祖父母（均为听人），正如 C5 表述的那样，"我的口语是爷爷奶奶教我的，我是跟着他们才学会说话的"。而出于和聋人父母的沟通需要，所有研究对象都表示自己会简单的手语，并且自述习得过程是"自然而然"学会的。

我的手语是自然而然学会的，不是爸妈刻意教的，具体过程我也不

太清楚，反正我有意识之后就会了。我没有特意去学，印象中也没有爸妈特意"我说一句你说一句"这样来教我。【C2】

具体而言，研究对象习得手语的途径更多的是社会观察学习，即通过长时间、近距离地对聋人父母沟通方式进行观察进而内化习得。

其实我的手语没有特别学，就是看爸妈他们聊天，然后就慢慢知道，"爸爸"是怎么表达，"妈妈"是怎么表达。然后再慢慢地知道一些其他的词，比如"上班""上学"这些词汇。【C3】

经由社会观察习得的手语，受限于使用环境和使用频率，研究对象均认为对其掌握程度显著弱于口语，对自己的手语水平评价为"不精通"（C3）、"不专业"（C4）、"不标准"（C6、C7），仅限于和父母交流日常生活时使用，较难的词一般都"不会"，会"拿张纸写给他们看"（C1）。

（二）家内互动关系：亲切融洽的亲子关系

受限于自身手语水平，大部分研究对象表示自己和聋人父母的关系虽然都比较融洽和密切，但主要交流话题都集中于日常生活，很少涉及情感、社会、经济等话题。对于这样的互动关系，有的研究对象表示"有点遗憾"。

我和爸妈之前都是讲很简单的词，相互之间交流不会说难的、很深入的那种词。我上高中之前都很羡慕别人，别人回家都可以跟爸妈说什么心里话啊，学校里面有什么事情发生这种，我跟我妈就有点讲不清楚这些事情。我妈就听不懂，就一直问"什么意思"啊，然后我就再跟她说一遍。【C1】

但也有研究对象表示这样的家庭互动关系是正常的，不是因为父母是聋人才这样的，而是我国绝大部分家庭有的普遍现象。

家里的生活环境一般就是"吃饭""你要去哪里""睡觉"之类的，家里人不会跟你说什么经济类的国家大事啊，不会用到那些生僻词汇，一般都是我能看得懂的简单生活词汇。我觉得在我国家庭环境下,这个是正常的交流,你有跟你爸妈谈过类似深程度的话题吗?一般也不会吧。我觉得还是正常,我们就是一般家庭的那种正常交流。【C2】

尽管交流受限,但对于长期和父母生活、未曾有过寄养经验的五位研究对象而言,他们均认为自己和父母的关系是亲密的。C2总结自己和父母之间的关系是"他们很爱我,我也很爱他们",因为父母持续温和的爱,从未让她有类似"你们为什么打我,你们为什么是聋哑人"这种厌恶他们的想法。

他们爱我,从不打骂我,所以没有让我有厌烦他们的机会。【C2】

在亲密关系的具体体现上,研究对象列举了一些聋人父母根据孩子行为给予自然回应的"直觉养育"的实例。

我难过的时候我妈妈会感觉得出来,就会抱抱我,也不说什么,就是抱抱我,然后拍拍我,睡觉的时候跟我一起睡。她在我旁边拍着棉被,我就很容易睡着。【C4】

其实我们也会吵吵闹闹的,吵得凶的时候我就不和我爸爸说话,回自己的房间睡觉,躲在被子里。我爸爸就会来我房间,我知道他进来了,我就假装睡着,他会偷偷掀开棉被看我,怕我因为吵得凶会哭。【C4】

而对于曾经在中学阶段在亲戚家借宿、上大学后又搬回家和父母同住的两位研究对象而言,曾经的寄养经历影响了他们和父母之间亲密互动关系的形成,但现阶段他们正有意识地进行弥补。

我现在挺愿意和我爸妈一起出去的。因为以前和他们待的时间少,就是想跟他们出去玩一下。现阶段虽然觉得还没有补回来,但是觉得应该这样做。【C5】

其实我感觉就是因为不是从小住在爸妈家,所以我和他们亲切度就会有点低。不是说有隔阂，而是我不知道要和他们说什么。现在就是出去聚餐之类的，我都会和他们一起去，突然间就是想去。【C7】

（三）家内承担角色：未构成负担的翻译角色

在已有研究中，聋人家庭中的听人子女往往会主动或被动地承担帮父母翻译的角色，并因此常常感到"被置于不适合参与的谈话场景中（如父母离婚协商等）""被剥夺了童年"（Singleton，2000）。本研究中的研究对象尽管手语水平有限，但聋人家庭中的听人子女的独特身份让他们也同样或多或少地承担了手语翻译的角色，翻译情境通常集中在购物、看病和家族聚会上。

> 比如说去买菜，就是会帮着我爸妈问"这个多少钱"，就会被逼着跟着去。有的时候他们去买衣服也会把我拉上。【C2】
> 一般就是看病的时候，我会跟着去，我妈会一直比画，我就翻译给医生。【C5】
> 过年的时候有些话有的亲戚看不懂，我就会说一下，还有邻居之间打个招呼之类的，我都会帮着翻译。【C1】

所有研究对象都表示自己并不认为承担翻译角色给自己造成了负担，一方面他们认为这是为人子女应尽的责任；另一方面当他们离开父母时，父母也能通过笔谈、手机通信、其他家庭成员帮助等途径完成与外界的交流，翻译的角色并没有对他们的求学、离家等发展轨迹造成影响。

> 我不觉得是浪费时间，毕竟他们把我生出来，他们有一些跟外人沟通不了的，我肯定要尽这个责任的。但是我不在的时候他们自己会搞定。【C6】
> 我爸妈不需要我照顾，我不在他们也能买菜。因为现在价钱都是摆出来的，给钱也是用微信直接扫了。【C2】
> 爸妈他们去看病，如果我没去的话，就会给医生写字，医生都习惯

了。或者大一点的病，我家里人都会去。【C5】

总体而言，听人子女在家内场域中产生的互动大多为积极互动，对聋人父母的定义也更多集中于其父母角色而非聋人身份，认为他们"与别人家的爸爸妈妈没有什么不同"（C2），并借此完成了自己在家内场域中的身份认同："我和别人没有什么不一样"（C3）。

二、家外场域下的互动与自我认同：学校中的听人与社会中的聋人

进入家外场域，在最主要的学校互动场域和社会互动场域中，聋人家庭中的听人子女既因自身的特殊身份，接受着外界或善意或敌意的目光，又对存在于家庭环境之外的聋、残疾和手语有了新的思考。家外场域下的互动使得他们的自我认同更加丰富和多元。

（一）学校场域："我觉得自己是听人"

请聋人家庭中的听人子女回忆因自身特殊身份在学校中发生的令自己印象最为深刻的事情，绝大多数研究对象谈及的都是负面事件，内容多是父母的聋人身份招致同伴的敌意或歧视。

> 印象深刻的事情，是小学的时候有个同村的男孩子，经常在学校里骂我，经常在学校里说我有个哑巴爸有个哑巴妈，经常这么说。【C1】
> 我有一个好朋友是我们小区的，有一次她说她爸妈不在，我说要不要来我家吃饭，她说"好啊"。来家之后她看到我爸妈是聋哑人，从此之后再也没有跟我交流过，我也不知道为什么，反正后来就没有交流过了。【C2】
> 以前跟一个朋友吵架，他就说你爸妈聋哑什么的，我就会骂他，说他没教养什么的。【C4】

学校场域下的负性互动或多或少对聋人家庭中的听人子女的性格发展产生了影响，有的研究对象因为这些事件变得更畏缩，而有的研究对象则因此

变得更为好胜。

> 我的性格比较敏感，跟同学有的时候相处得不是特别好。但是基本的沟通肯定是没有问题的。【C1】

> 我的性格是不能被别人给欺负，就是因为爸爸妈妈听不见，我就是有一种心理，就是你敢欺负我，我肯定要欺负回去啊。大家都是一样，怕什么。【C6】

身处学校场域之下的熟人关系之中，研究对象初次遭遇听人世界投向聋人群体的敌意和歧视。为了尽可能降低自己在听人世界中的不适感，聋人家庭中的听人子女在心理上出现"区隔化"特征：在家中自己是一名"与别人家一样"的子女，不用明确区分自己是聋人还是听人；但在学校环境中，他们开始强调自己的听人身份，凸显与朋友和同学的身份一致性，降低自身身份的特异性。

> 我觉得自己是听人，因为我和我的朋友一样听得见，也能说话。【C2、C3、C7】

（二）社会场域："我能体会聋人的感觉"

进入宏观的、以生人关系为主的社会场域，特定的交际个体被概化成模糊的他人，聋人家庭中的听人子女一面被视为聋人，被社会场域中的其他陌生听人注视，一面又成为主动亲近聋人的听人个体，对社会场域中遇到的其他聋人投射出独特情感。

作为聋人家庭中的一分子，当和父母一同出现在公共场合并使用手语时，经常会被其他陌生听人群体视为聋人，并因此产生"被围观""被议论"之感，对于这样的现象，研究对象经历了从不适到适应的心理过程，尝试从善意围观的角度解读听人群体的注视目光。

> 一开始还会觉得烦，后来这种情况多了嘛，而且他们一般都说"可惜了，这一家人都样貌很好，太可惜了"。后来就慢慢习惯了，一般来

说，周围人都还是善意的眼光。【C1】

小时候我走在街上跟爸爸妈妈打手语，我就觉得：我是动物园里的大猩猩吗？我跟我爸妈说个话你看什么？现在长这么大了，就觉得被你看两眼也不会怎么样，都是用很好奇的心态在想我们在说什么，不会带有恶意。【C2】

当脱离家庭，聋人家庭中的听人子女以听人个体身份单独出现在以生人关系为主的宏观社会场域时，长期和聋人亲近的研究对象也对陌生聋人个体或群体表现出亲近、共情的行为，比如主动提供翻译、亲近聋人同事等。

我有一次遇到有位聋人买一个银质的碗，那个卖东西的人说多少多少，然后那个聋人弄不懂嘛，我就上去给他比画说多少多少，然后他就说"知道了，谢谢了"。【C6】

我在蛋糕店工作，有一个同事是聋人。有一次我们店长请我们吃东西，买了一堆零食，大家都是很欢乐地在吃。我看就他一个人在那边背对着我们，只有他一个人在工作。我就给他递了一个水果，他就很谢谢我。当时我心里就想的是被冷落的感觉。其实他也许也不懂这种被冷落的感觉，是我自己心里挺难受的，我是感觉周围一群人很欢乐的，但是他一个人因为听不见就不能加入，感觉挺难过的。【C4】

与在熟人环境中强调自身的听人身份不同，在以生人关系为主的宏观社会场域中，研究对象开始意识到聋人父母对自己语言、情感和思维上的影响，并不由自主站在听人群体的对面，不仅对不理解聋人的听人产生"厌恶""不耐烦"等负面情感，还进一步将自己和聋人划归为同一群体，站在聋人角度对"听人社会"进行感知。在社会场域中，他们已然在心理上将自己视为"能听见的聋人"。

我能体会聋人在生活中的那种感觉。我知道聋人需要的就是平常心，不要特别同情。如果聋人觉得你很平常地对待他们，他们心里也会觉得很舒服的。就是不要用那种"感觉你很可怜"的样子对他们，他们心里也会耿耿于怀的，觉得很不舒服。【C3】

三、超越具体场域的互动与自我认同：聋人、听人或其他

七位研究对象在家内和家外场域中的互动呈现出一些共同特征，比如在家庭环境中重视父母－子女二维关系，忽略听聋区别；在熟人关系下强调自身的听人身份，突出和听人朋友的身份一致性；在生人关系下不介意被视为聋人，在心理上亲近聋人群体。逐步梳理研究对象身为聋人家庭听人子女从家庭到学校再到社会的成长经历后，研究者询问研究对象超越不同具体场域，在互动之上凝练成的自我概念，即基于"我"视角提出自我认同、如何对自己的身份进行归类。

（一）对"我是谁"的本土化拆解

面对笔者访谈问题中的"听人身份""聋人身份""双文化""自我认同"等西方概念，研究对象都对笔者进行了追问，并在笔者进行解释后，自主将访谈问题分解为"我和别人有什么不一样"和"聋人家庭中的听人子女身份对我有什么影响"两个更易理解的问题进行回答。

首先，有研究对象通过与听人父母听人子女家庭进行比较，对自我身份进行定位，认为自己的聋人父母和听人父母没有区别，因此自己也和别的听人子女没有区别，并表示自己并未认真思考过自己是听人还是聋人。

> 我没多大不一样的感觉，就觉得别人爸爸会的我爸也会，就是我爸听不到、不会说话这一点点不一样，所以我和别人也没有什么不一样。【C3】

> 小时候因为跟他们讲话他们听不见，所以小时候觉得有一点不一样。但是后来就觉得他们是我的爸爸妈妈啊，我们是一家人啊，就觉得没有关系了。我自己也没有认真思考过你问的聋人还是听人的身份问题。【C4】

> 我爸妈蛮好的，就是说话不行，其他都跟正常人一样的，而且交流也是能交流的，就没有什么区别，所以我也没有意识到聋和听有什么区

别。【C6】

其次，在分析聋人家庭中的听人子女身份对自身的影响时，一方面，七位研究对象均表示该身份在以熟人关系为主的学校场域中对自身人际关系带来了一些消极影响，如前文提及的误解、排斥、疏远、负面评价等，因此他们习惯于在以熟人关系为主的学校场域中强调自己的听人身份，突出和其他听人的一致性。另一方面，成长于聋人家庭的经历也帮助听人子女发掘了自身优势领域，在专业和职业选择上持有更为广阔的空间。比如一位研究对象（C2）认为自己从小同时学习手语和口语，因此语言习得速度较快，在填报大学志愿时选择了英语专业。另一位研究对象（C1）自述是因为父母的听力状况才知晓特殊教育的存在，并对其产生兴趣，在填报志愿和最终择业时都选择了特殊教育。在脱离具体社会场域、专注于对个体内在自我思考时，研究对象表示"父母是聋人塑造了现在的我，所以我和其他人好像又有点不一样"（C1）。

（二）对"我是谁"的本土化回答

在自行完成对访谈问题的"本土化拆解"后，笔者再次邀请研究对象对"自我认同"进行确认。研究对象在认真思考后，均对自己的身份归属进行了概括和总结，并给出了形成该种自我认同的依据。七位研究对象中，仅有一位从沟通方式的角度确认自己"同时具有听人和聋人的属性"，认为自己"属于中间，我能听见也懂手语，我既能跟听人沟通，又能跟聋人沟通"（C4）；其余六位研究对象均认为自己是"听人"，但自我归类依据各有不同，其中三位直接根据自身听力状况对自我进行描述"我觉得自己是听人，因为我听得见"（C2、C3、C7），另外三位则以主要交往群体作为自我归类的依据："我还是听人，因为毕竟我口语用得多"（C5）。

我觉得我是听人吧，像我出去玩，都是找自己的朋友，不会找我爸聋人朋友的聋人小孩。就觉得聋是上一辈的事情，与我关系不大。【C1】

我觉得我不是聋人，因为我的朋友都是正常的，我没有聋人朋友，与聋人接触也蛮少的。【C6】

第五节 分析和讨论

一、家内场域下表现出"常人认同"

在家内场域下，本研究所有研究对象均具备一定手语能力，能和聋人父母进行顺畅沟通，建立起良好的亲子关系；受益于科技辅助工具和其他家庭成员的帮助，他们也并未受困于"翻译"角色，能相对自由、轻松地进行人生规划。相较西方已有文献中听人子女自述"与父母互动有限""因为翻译，童年被剥夺""感觉自己才是父母"等负面表达，本研究中的听人子女对聋人父母的评价明显更为正向。在手语水平和社会支持水平大致相当的前提下，为何东方语境下的听人子女对聋人父母的评价更为积极？

究其原因，一方面与我国传统家族认同心理和家族主义价值观十分强调对亲子关系的认同相关——"父母是生身之本""天下无不是的父母"等都意指传统文化中子女对父母的认同先于自我认同而出现（王玉波，1988）。另一方面可能与其家庭教养方式有关。父母关爱、灵活、温暖、接纳的教养方式往往给孩子带来更高的生活满意度和自尊水平（边玉芳，2016），也会促进其自我同一性的形成和认同感的获得（凌辉，2010），这都有助于子女认同自己的父母。本研究中，听人子女在总体和谐、亲密的家内场域表现出对聋人父母身份的完全认同，即使自觉"交流有限"，也会通过"我国家庭都这样"对该现象进行合理化，拒绝将聋人父母与其他听人父母进行比较和区分。同时，听人子女在家内场域的积极互动与家外场域的消极互动之间存在明显的张力，为了消解家外负面互动带来的消极影响，他们以承认家庭为前提，通过认同父母身份，比照寻常家庭中的亲子互动，做出基本无异于他人的自我认同。我们将这种模糊聋、听区别，强调亲子关系而非聋、听身份的认同概括为"常人认同"。在听人文化占主流、聋人群体相对弱势的宏观社会环境下，维持家内场域下的"常人认同"，是出生在我国聋人家庭中的听人子女保持微观生态单元良好运转的重要策略。

二、学校场域下的听人认同和社会场域下的聋人认同

在本研究中，听人子女分别在以熟人关系为主的学校场域下表现出听人认同，在以生人关系为主的社会场域下表现出聋人认同。走出家内场域，进入学校场域，听人子女初次遭遇听人世界投向聋人群体的敌意和歧视，由父母扩展至子女的"家庭成员污名化"（Werner，2015）显著影响了他们的人际交往、情绪体验和自我认同。这种被 Goffman 称为"连带污名"的现象亦可能发生在智力障碍等其他残障者的家庭中，由于关系的特殊性而使家属不仅见证残障人士被污名化，自身也可能遭遇相似的社会排斥（陈福侠，2010）。公众的语言和符号暴力强化了社会对残障者及其家属的分类和排斥，被污名者的沉默、妥协和内化又可能导致消极的自我认同（关文军，2017）。听人子女在学校中需要交往，需要在群体中获得生存和发展机遇。为了获得相对良好的社会关系，他们开始刻意强调自己的听人身份，从听力状况、交流方式等方面确认自己的听人身份，逐渐形成听人认同。从家庭进入学校后，听人意识才初次觉醒，这一现象在西方文献中也被多次提及，并被研究者总结为"自我认同的逐渐转变"（Moroe，2019）。但本研究认为，听人子女的自我认同并非发生纵向转变，而是出现横向"区隔化"，即在同类生活场域或情境中同时感知到多重身份时，主体会感到矛盾和焦虑。为了保护自己和自我防卫，主体学会尽量将不同身份隔离在不同的场域，以避免不快情绪的出现。这种在不同情境下出现不同自我觉知的心理机制，对研究对象而言是一种"不再让自己感到不快"的自卫型保护（杨国枢，2009）。

进入以生人关系为主的社会场域后，由陌生人概化而成的他人群体表现出的善意、对除父母外其他陌生聋人表现出亲近和理解等让听人子女逐渐意识到，自己对待聋、手语和聋人群体的态度逐渐发生了改变。聋人文化观点

认为，判断个体身份为听人或聋人的标准并非其听力状况，而在于其是否支持、接纳聋人和手语（Harrison，2019）。基于此观点，在社会场域中，能与聋人群体共情、能自如使用聋人手语的听人子女已然成为"心理上的聋人"。在对聋人父母持有强烈认同的前提下，离开以"求同"为主的学校情境，听人子女的自我认同出现新的分化，愿意在以生人关系为主的宏观社会场域下将自己视为聋人。听人子女对聋人群体的认同，起到了维护与父母的关系、合理化他们亲近聋人行为的作用，并帮助他们更好地应对聋人群体在社会中相对处于弱势的现实。

三、出现微弱的个人取向自我认同

同时共存的父母认同、听人认同和聋人认同均生发于听人子女的主要社会生活场域，均为指向"和谐""面子""名誉"的社会取向自我。跳脱出具体场域，指向"自主""独立""平权"的个人取向自我是否在聋人家庭中的听人子女群体中出现呢？在对"我是谁"进行最终界定时，七位研究对象中仅有两位意识到聋人家庭背景赋予自身独特的优势和视野，以此确定自己的特长和发展方向；仅有一位从"独立我"出发，基于沟通能力而非交往群体确定自身身份，认为自己"既属于聋人又属于听人"。在"聋人文化""聋人优势""双语双文化"等概念缺位的我国语境下，这种自我认同的出现实属难得。总体而言，聋人家庭中的听人子女群体中已出现个人取向自我认同，但在强势的社会取向自我影响之下，这种个人取向自我还比较微弱，并不十分明确和稳定。这样的心理结构在华人青年群体中并不少见，是同时身处现代化社会和儒家文化圈，既受西方高度工业化文化影响，又深嵌社会关系义理脉络之中的现代华人青年群体较为普遍的自我认同状态（杨国枢，2009）。随着现代化程度提高，社会进一步走向多元和包容，个体自我认同系统进一步融合和统整，我国聋人家庭中的听人子女也许会发展出更为自洽的"聋听双文化自我"，甚至新型的多文化自我。

第七章 / 作为聋人的子女：一种本土化的自我认同

第六节 结论和启示

本研究在借鉴本土自我认同理论——华人自我四元论的基础上，通过对七位聋人家庭中的听人子女进行访谈，发现他们在不同场域中的自我认同各有侧重，得出与国际上不尽相同的研究结果。生活在家庭、学校和社会场域中的他们，穿梭于"常人世界""听人世界""聋人世界"和"自我世界"之间，为了适应社会生活，保护自我和家庭，发展出包括常人认同、听人认同、聋人认同在内的三种社会取向自我认同和微弱的个人取向自我认同，呈现出自卫型四元共存的特点。我国聋人家庭中的听人子女四元自我认同模型如图 7-1 所示。

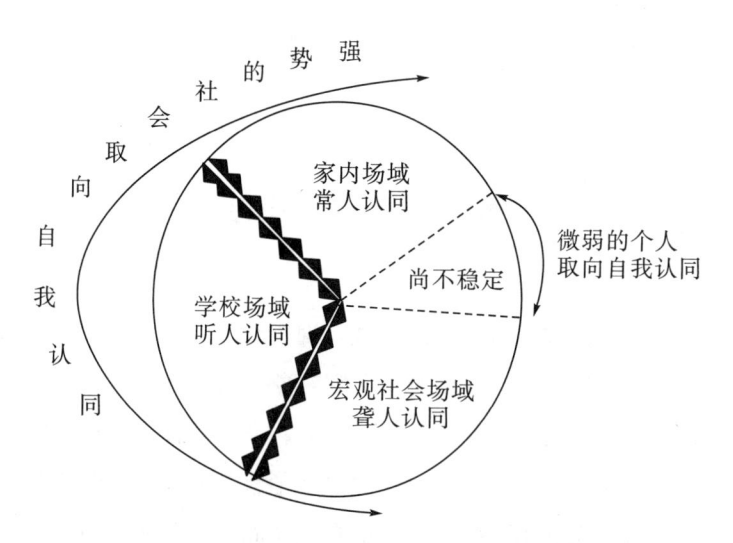

图 7-1 我国聋人家庭听人子女四元自我认同模型

虽然聋人家庭中的听人子女在不同场域中的自我认同各异，但四种自卫型自我认同的共存在一定程度上确保了其在日常生活世界中自我觉知的相对统一性，避免了其身份归属的混乱和迷茫，对于维持完整、连续、多元的生活有重要意义。

本研究中的研究对象均为涉世未深的青年，随着社会变迁和自我发展，他们的自我认同也许会进一步从共存走向混合、融合及统整，发展出更具弹性和创造性的自我认同。未来，家庭、学校和社会需对聋人家庭中的听人子女的自我认同的发展给予更多关注，以帮助其形成更为自洽和有序的统整性自我系统。首先，在家庭教育方面，聋人父母可有意识地教授听人子女手语，加强亲子沟通，关注听人子女因家庭背景遭遇负面事件后的情绪和感受，尊重听人子女在公共场合对交流手段的自由选择。其次，在学校教育上，教师应在教育教学中渗透融合教育和多元文化教育理念，在全校范围内普及聋和手语的基本知识，通过正面讲解、榜样示范等途径引导学生建立起正确对待残疾的态度，坚决杜绝因儿童家庭背景出现的歧视、孤立和欺凌事件。最后，在社会层面，残联、社区和公益机构可组织成立 CoDA 协会，定期举办心理咨询、故事分享等团体性活动，为聋人家庭中的听人子女群体提供与同伴交流的机会，帮助其在语言、文化和身份抉择历程中找寻到更多同行人。

第七节　本章小结

本章通过面对面或网络交流的方式，对七位平均年龄为 21 岁的聋人家庭中的听人子女进行访谈。七位青年研究对象，有的尚在学业阶段，有的已初入社会，较长的生命周期使得他们对家庭、学校和社会三种不同场域下的身份认同都有较深的感触，可通过纵向比较了解其不同生命阶段和不同生态环境下，身为聋人家庭中的听人子女的自我认同特征及变化历程。

本研究发现，在生命不同阶段，父母身为聋人的事实对听人子女而言意义不同。幼年时期处于家庭场域之中，听人子女并未觉得聋人父母和其他父母有任何不同，听人子女享受了温馨、亲密的童年家庭时光，并因此建构出与寻常人无异的"常人认同"。童年至青年时期，听人子女进入学校场域，从教师和同学的态度、行为中才初次察觉自身家庭的不同，为避免在学校遭遇歧视和排挤，此阶段他们多对家庭情况闭口不提，建构出完全的"听人认同"。成年时期步入社会后，听人子女进入"生人社会"，对旁人指指点点的顾虑减少之后，听人子女常因自己的父母是聋人对社会中的聋人生出"心理认同"，继而出现"聋人认同"。总体而言，我国社会文化环境下的聋人家庭中的听人子女的自我认同呈现出多元共存的形态。

值得注意的是，透过聋人家庭的听人子女的讲述，我们可以清楚地看到，听人子女对聋人父母的亲职能力表现出了充分的肯定，多位研究对象表示除了听不见，其父母与别人家的父母没有任何不同，甚至"更能干""更亲密"。西方文献中多次提到的"过早承担翻译职责""不敢离家太远"等研究结果，也并未在本研究中出现。听人子女的养育经历证明应当以优势角度看待聋人，肯定其成为优秀父母的能力。同时，听人子女在家外场域中出现的消极互动，再一次证明社会对聋人群体的偏见，由"社会建构"而来的污名和歧视仍然存在，以优势角度看待聋人群体、多生态支持聋人抗逆力生成的实践之路仍然任重道远。

在下一章中，笔者将以进入社会、在聋校工作的聋人教师为研究对象，通过其与聋人教师协同教学的听人教师的共同讲述，了解聋人在社会场域中的真实互动，探寻其在职场中呈现出的优势和局限。

第八章　当聋人成为教师：一种有效的教学合作

20世纪末，双语聋教育实验在我国部分地区开展。聋人教师和听人教师协同教学是双语聋教育从理论走向实践的关键一环。本章采用个案研究法，以某聋校三对参与协同教学的聋人教师和听人教师作为研究对象，对该校的协同教学实践和合作关系进行深入探寻。研究结果发现，第一，在协同教学实践环节中，听人教师在备课中占主导地位，能运用丰富的协同教学模式进行教学，课后反思环节被省略；第二，在协同教学合作关系中，听人教师对聋人教师既有抱怨也有共情，聋人教师的双重身份对合作关系会产生影响。

本章分为六节：第一节介绍研究背景；第二节介绍研究方案，包括研究对象和研究方法；第三节从协同教学实践环节和合作关系两方面阐释研究结果，并对其进行分析和讨论；第四节分析影响聋人和听人教师协同教学的因素；第五节为结论和启示；第六节为本章小结。

第一节　研究背景

从16世纪末聋教育产生至今，关于"使用何种语言教学更利于聋生发展"的争论从未停止。从最初的"手语教学法"，到十八九世纪的"口语教学法"，再到20世纪六七十年代的"综合沟通法"，人们为了找寻最合适的教学方法，始终在不断探索。1982年，丹麦哥本哈根的Kastelsvej聋校率先设立聋人手语和丹麦书面语并重的"双语实验班",开展了为期10年的"双语聋教育"实验(Lewis,2004)。随后这种教学实践逐渐在北美、欧洲、澳洲和亚洲诸国兴起。1996年,我国第一个双语双文化实验班在江苏省南京市创办,随后的10年里,天津、江苏、四川、贵州、广东、山东和湖南等省内部分特校和聋校先后开展了双语聋教育实践。

近20年兴起的双语聋教育的特点在于承认聋人手语的独立语言地位,并承认聋人文化的存在,认为聋生应该成长为以聋人手语为第一语言,以本国主流语言书面语为第二语言,并同时适应两种语言背后文化的平衡的双语双文化者(余敦清,2005)。在实践层面,双语聋教育将聋人教师邀请入课堂,和听人教师一起参与课程准备和课堂教学,强调聋人教师与听人教师之间的协同教学。

协同教学的雏形出现在20世纪80年代末,"一体化教育"广泛兴起,一些美国学者建议让普通教育教师和特殊教育教师在融合教育环境下,共同为学业和行为表现差异较大的学生提供教学,并称之为"合作教学模式"(cooperative teaching model)(Bauwens,1989)。1995年,美国学者Friend和Cook在已有研究基础上,明确提出"协同教学"的概念,并将其定义为在同一个空间里,两位或更多专业工作者使用灵活的方式对一群混合多元特质的学生进行实质的教学。这种教学必须包含以下四个要素:①两位教师,通常是一位普通教育教师和一位特殊教育教师;②教学由两位教师共同实施;③教授对象包括一群异质学生,如特殊学生和高危学生;④特殊学生和普通学生在同一间教室接受教育。

作为聋人双语教育中最具特色的内容,聋人和听人教师的协同教学与融合教育环境中的协同教学相比更具挑战性。前者面向的聋生群体更具特异性,涉及听力情况(听力损失的时间/程度/年龄)、语言能力(手语/口语/书面语能力)和家庭背景(家庭中有/无聋人)等多方面的差异;另外,协同教学极其强调两位教学主体之间的沟通和协调,而聋人教师的加入,为这个动态的过程增加了更多的未知性和不确定性。

基于此,本研究采用个案研究的方法,以开展双语聋教育实践的某聋校(下文简称C校)为研究场所,以三对参与协同教学的聋人教师和听人教师作为研究对象,通过访谈、观察和文件分析等方法,了解其协同教学的具体过程和双方互动的方式,并对 C 校聋人和听人教师协同教学的本质进行思考和讨论。

第二节 研究方案

一、研究对象

本研究选取 C 校开展双语聋教育实践的 4 个班级,分别为学前小班、学前大班、小学三年级和小学五年级。其中,学前段每班配备聋人教师和听人教师各 1 名;小学段每班配备聋人教师 1 名,分别与该班语文、数学教师进行协同教学。该校共有协同教师 10 人,其中聋人教师 4 人,听人教师 6 人。经与这些教师沟通,在综合考虑研究对象自愿性、配对性、代表性和笔者时间精力等因素的基础上,最终确定三对协同教师为研究对象(见表 8-1)。在做匿名处理时,为突出协同教学聋人和听人教师配对的性质,每对教师均以同一属性事物命名,分别为太阳和月亮老师、月季和玫瑰老师、白云和蓝天老师。

表 8-1 C 校协同教师汇总及研究对象示意表

	聋人教师	听人教师	
学前小班	A 老师	B 老师	
学前大班	太阳老师	月亮老师	
小学三年级	月季老师	玫瑰老师(数学)	C 老师(语文)
小学五年级	白云老师	蓝天老师(语文)	D 老师(数学)
合计	4 人	6 人	

二、研究方法

本研究将质性研究中的个案研究法作为研究方法,通过访谈、观察和实物分析等多种途径收集资料。到达研究现场后,笔者和研究对象进行半结构式访谈,了解其背景及协同教学经历,每位教师访谈均有录音,平均访谈时间为 90 分钟。同时,笔者也进入协同教学课堂场景旁听和观察,了解协同教学的真实场景,并做详细的观察记录;课余时间与学校管理者、学生和其他教师交谈,验证研究对象回答的真实性。研究对象的教案、教学日志、课程表和学校活动影像资料等都可作为实物分析的对象。以上所有资料都被及时整理成文本以备分析需要。在分析资料时,笔者首先对已有文本进行反复阅读;其次对其进行编码,并从中找出本土概念;最后在对本土概念进行归纳、分类和解释的过程中,逐渐形成文章的框架——从协同教学实践和合作关系两个角度入手,对 C 校聋人和听人教师协同教学的具体过程和本质进行深入解析。

第三节 协同教学实践与合作关系

协同教学实践的完整性及协同教师的合作关系是影响协同教学质量的关键因素(Friend,2004;Solis,2012)。因此,本节将协同教学实践分为备课、上课和课后反思三个环节进行深描,从听人教师角度展开叙述,并穿插聋人教师话语加以印证,力求通过这种一主一辅的方式,尽可能地还原 C 校聋人和听人教师协同教学的真实状况。

优势视角与抗逆力提升：
聋儿家庭与聋人个体

一、C校聋人和听人教师协同教学实践

（一）备课环节：聋人教师的主导需要与主导不能

在备课环节，三对聋人和听人协同教师采取的方法基本一致，都采用了"听人教师写教案—聋人教师提意见—听人教师修改教案"三步走的做法。

> 是我先备课，我把教案写好了，写好了我把这个教案拿给白云老师（看），看完以后她又会给我提出些问题，从她聋人的角度来看，然后我再改。【蓝天老师】

> 相当于我备好了课，课前征求下月季老师的意见，怎么设计比较好，然后我们一起协商之后，把这些写出来，再给她过一遍这些程序。【玫瑰老师】

> 备课一般都是我准备，我准备完了就课前提前跟太阳老师说。今天主要教什么，怎样（教），就跟她说一下大概的要求。这节课采用什么样的方式，我一般会询问她，她提得好的话我们就开始教。【月亮老师】

协同教学强调贯穿所有教学环节的平等合作和信息共享。在进入课堂之前，即要求协同教师共同参与个别化教育设计，协商拟定教学方式及教学过程，保证协同教学发挥出最大功效（Muarawski，2008）。已有相关研究指出，聋人教师参与备课环节有助于聋人教师与听人教师优势互补，达到教学效果最优化（双语聋教育项目组，2009）。C校参与协同教学的玫瑰老师也坦言，聋人教师的想法更贴近聋生一些，教学中遇到学生对某个知识点掌握有困难时，"会去征求她（月季老师）的意见，问她当年是怎么学懂的"。

既然聋人教师比听人教师更能把握聋生思维，为何不让聋人教师更多地参与备课，或根据课程内容轮流占有备课主导权？蓝天老师说道："因为白云老师当时对双语教学方面的东西懂得不太多，我要备好课，给她解释我为什么要进行这样的教学设计，把我的想法告诉她。"玫瑰老师说道："备课的

时候她（月季老师）完全不会，因为她没有学过教育，没有学过教学、教育心理学，所以写教案那些也不懂。"

听人教师主导备课权的背后，是聋人教师教学技能和学科专业知识缺乏的现实。受聋人教师自身水平的限制，听人教师不得不承担起主要的备课任务。独立备课是对一位教师最基本的要求，共同设计活动进行教学也是协同教学最基本的特点之一（王梅先，2011）。但聋人教师职业素养的缺乏，使得协同教学活动在最初的备课阶段就具有不小的障碍。

（二）上课环节：聋人教师的先天优势和后天不足

根据协同教学最初提出者 Friend 和 Cook（2004）总结的协同教学模式分类，可以将课堂协同教学模式划分为"教学－观察"、"教学－辅助"、平行教学、分站教学、选择式教学和小组教学六种（见表 8-2）。六种模式实施难度依次递增，对协同教师教学能力和默契程度的要求也越来越高。美国学者 Scruggs 及其同事（2007）在对 1995—2005 年发表的 32 篇有关协同教学的个案研究进行综述后发现，研究中涉及的 200 多对协同教师中，有 75% 的教师仅使用"教学－辅助"模式进行教学，其次较为常用的模式为平行教学和分站教学，仅有三对协同教师的教学中出现了小组教学模式。总体来看，协同教学模式使用趋于单一。

表 8-2　协同教学六种模式划分表

模式名称	内容描述	适用情境
教学－观察	一位教师进行课堂教学，另一位教师对学生表现进行观察。在观察之前须清楚观察内容和观察目的，两位教师共同在课下对收集到的数据进行分析和讨论	两位教师刚刚开始合作，学生有问题出现和需要对学生进行评估
教学－辅助	一位教师承担主要的教学任务，另一位教师根据具体情况为个别学生提供适时帮助	两位教师刚刚开始合作，某位教师特别擅长某节课，以及某课程内容较复杂需要学生保持较长时间注意力

优势视角与抗逆力提升：
聋儿家庭与聋人个体

续表

模式名称	内容描述	适用情境
平行教学	教师将学生分为两个小组，每位教师分别负责一个小组的教学，每个小组的教学内容、教学方式、教学任务等均相同	需要通过提高师生比来提高教学效率时，学生需要更多表现和互动的机会，以及讲解操作性较强的课程
分站教学	将学生分为三个小组，每位教师承担不同的教学任务，每个小组轮流接受两位教师的指导。教师指导完毕后学生用小组合作的方式对学习内容进行复习和实践	教学内容复杂且实践性较强，教学内容较多
选择式教学	将全班分为大小两个小组，由两位教师分别负责。大组按课程计划进行教学，小组根据学生实际情况对教学内容进行替换（拔高或降低要求）	在某些学生不适应某些课程的情况下保证全班学习效果
小组教学	两位教师同时对相同内容进行讲授。两位教师通过课上的配合和互动帮助学生更好地掌握知识，而不只是进行轮流教学	两位教师均有丰富的经验，某节课程需要两位教师配合完成

通过对 C 校三对聋人和听人教师协同教学课堂的观察和课后访谈，笔者发现她们所使用的协同教学模式出乎意料的丰富和复杂[①]。如蓝天老师和白云老师根据教材、学生反应和教学目标等具体情况的不同，先后使用了"教学－辅助"模式、"教学－观察"模式和小组教学模式；玫瑰老师和月季老师遵循数学学科特点，始终以"听人教师呈现知识点，聋人教师解释补充"的方式进行配合，呈现出小组教学模式的特点；月亮老师和太阳老师根据教学情境的变化，轮换充当讲解、释义、补充、演示和维持纪律等多种角色（教学－辅助、分站教学、小组教学的协同教学模式）。C 校三对聋人和听人教师协同教学模式使用情况汇总见表 8－3。

---

① 受篇幅限制，本节未呈现课堂教学详细过程。

表 8-3 C 校三对聋人和听人教师协同教学模式使用汇总

模式名称	白云老师和蓝天老师 模式	白云老师和蓝天老师 情境	玫瑰老师和月季老师 模式	玫瑰老师和月季老师 情境	月亮老师和太阳老师 模式	月亮老师和太阳老师 情境
教学－观察	✓	听人教师讲授拼音，聋人教师观察	—	—	—	—
教学－辅助	✓	聋人教师导入课文，听人教师辅助	—	—	✓	聋人教师讲手语故事，听人教师辅助
平行教学	—	—	—	—	—	—
分站教学	—	—	—	—	✓	划分异质小组，聋人教师和听人教师分别辅导
选择式教学	—	—	—	—	—	—
小组教学	✓	听人教师提问，聋人教师阐释问题	✓	听人教师呈现抽象概念，聋人教师解释和演示	✓	聋人教师提问，听人教师实验演示

对不同教学模式出现的情境进行分析，不难发现聋人教师在其中承担着共同的责任——语言转述和深入交流。英国聋人语言学家 Padden（1988）曾说过，聋人与聋人之间具有天然的亲近性，这种亲近性建立在语言、思维、生活方式等多方面的一致性之上，牢固且排外。这种亲近性是聋人教师参与协同教学的天然优势。相较于已有研究中模式使用单一的特点，聋人和听人教师协同教学中的教学模式使用较为丰富，是对聋人教师天然优势的利用，证明了聋人教师参与协同教学的必要性和可行性。

在看到 C 校聋人教师和听人教师使用丰富的协同教学模式进行教学的同时，笔者也注意到了聋人教师在教学技能方面的不足。例如，在月亮老师和太阳老师的手语故事课上，负责主讲的太阳老师在未使用绘本的情况下，仅用十分钟就讲完了对学前儿童来说稍显复杂的《乌鸦喝水》，且要求聋生立即复述、重演。在学生感到茫然、迷惑时，是月亮老师及时取来杯子、吸管和石块，现场演示和实验。又如，在讲解质数和合数的概念时，月季老师由于自身对概念掌握不足，对知识点讲解错误，是玫瑰老师及时打断，并现场进行了纠正。

聋人不可能自然而然地成为聋童教育者（张宁生，2002），要让聋人教师成为一名优秀的教育者，在协同教学中发挥出应有的优势，系统正规的师资培训是必不可少的。目前，我国在聋人师资培养方面仍有欠缺（孙继红，2004；扬州特殊教育学校双语实验小组，2009），这种欠缺不仅阻碍了聋人教师自身价值的体现，也未能实现协同教学的质量最优化。

（三）课后反思环节：理论中的必需与实践中的省略

课后反思作为整个协同教学活动中不可或缺的一部分，其重要性毋庸置疑。它不仅能保证协同教学过程的完整性，更重要的是能为下一阶段的教学提供具有相当价值的参考（Friend，1995）。在和教师的交谈过程中，有教师也提到了课后反思和评价的重要性。

> 课后还是要有个交流，交流这节课的得失是什么，进行一个反思和总结，下面才会做得更好。【蓝天老师】

当问及使用的具体协同方式时，几位教师不约而同地提到了一个现实问题——时间太紧。

> （两个人协作）真的多很多时间（加重语气）。比如说现在我上完课，要马上找到她（白云老师），为明天要上第二堂语文课准备，在一起说教案，基本没有时间再讨论教学方式了。【蓝天老师】

> 具体地坐下来讨论这个教学方式的时间很少，所以在课堂中发现有什么问题就赶快（课后）找一下她。【玫瑰老师】

> 一般上完课以后，比较忙，我们都不会怎么讨论。到休息的时候，觉得今天上课不好，学生怎么这么乱呢，我们就讨论一下刚刚怎么上的，哪里不好啊，或者是学生对这节课能不能接受这样的教学方式。【月亮老师】

教学任务繁重，加上协同教学本身的耗时性，使得两位搭档教师基本没有时间讨论，或者只有在教学过程中出现问题时才匆匆交谈，课后反思成为整个协同教学过程中可有可无的一环。由两位教师共同完成的协同教学的最大特点在于需要协同教师投入大量时间和精力去沟通与磨合。如果只是简单地将协同教学看作"多一个人的教学"，单纯追求形式而不给予相应支持，任意删减应有环节，最终难免得出协同教学毫无效果的错误结论。

二、C 校聋人和听人教师协同教学合作关系

（一）听人教师的抱怨与共情

相较传统教学活动中对教师教学技能和个人背景因素的看重，协同教学更关注协同教师合作关系的和睦与融洽，即协同教学更易受协同教师合作关系的影响。美国学者 Carlson（1996）将协同教师之间的关系称为"专业的婚姻"，在协同教学过程中，双方需要不断地妥协，同时又不能成为对方的复制品。美国学者 Rice 和 Zigmond（2000）访谈了美国宾夕法尼亚州和澳大利亚堪培拉市的 17 名协同教师，绝大多数的教师都认为与搭档之间的关系对其产生的影响最大。

在本研究进行的过程中，笔者发现相较单纯的融洽或生疏而言，C 校三对聋人和听人教师的协同教学合作关系更为矛盾和复杂。在访谈过程中，三位听人教师都曾或多或少流露出对聋人教师的抱怨，如蓝天老师曾扶额皱着眉头说了这样一段话："聋人教师才进来的时候，掌握的教育教学知识还比较少，听人教师要经常帮助他……我才参与这个教学的时候，觉得很累很累，因为我在教学生的基础上，我还要教一个老师。"玫瑰老师则直接表示，聋人教师的参与仅起到"翻译"作用，聋生熟练掌握手语后，"他们在课堂上的作用越来越少了，可能我的数学课上根本就不用她了"。

在研究期间，笔者所接触到的其他没有参与协同教学的教师也都不约而同地将聋人教师称呼为"助教"，认为"孩子大了就不需要他们了"。但在抱怨之后，谈及协同教学过程中面临的困难时，三位教师又都坦言道："他们

的难处更大。"接受专业培训不足是聋人教师在职业发展道路上面临的最大阻碍。聋人教师承担工作量过大也是所有人有目共睹的事实。C校双语项目负责人Z老师也承认学校给聋人教师安排的工作较多。另外，聋人教师的编制也是个大问题。

> 针对聋人教师教学的专业培训很匮乏，他们所学的知识基本上都是和他搭班的听人教师去教给他，而没有更多的一些专业培训，这对他们自己的成长还是有限制。【玫瑰老师】

> 学校普遍给他们（聋人教师）安排的事情比较多，就我们的工资而言，对他们的待遇不是很公平。你想我们这些听人老师排课都有间歇，他们一般都是整天或者整半天地站，真的很累。【蓝天老师】

> 没有编制，就涉及很多切身利益保证不了，可能会直接影响到聋人教师的工作状态。【玫瑰老师】

听人教师对聋人教师的教学能力颇有微词的同时，仍然能看到聋人教师在协同教学中发挥的作用，并对其所经历的困难感同身受，最终顺利地将协同教学付诸实践。这种抱怨与共情共存的奇妙现象来源于现实造成的聋人教师的双重身份，以及这种身份在合作关系中形成的微妙平衡。

（二）聋人教师双重身份的抗衡

欠合格的协同教师是三位聋人教师的第一重身份。协同教学要求协同教师具有丰富的教学经验，能灵活应对协同教学过程中出现的各种复杂问题和突发状况。在美国协同教学实践中，多倾向于将教学时间超过10年的资深教师作为协同教师候选者。但限于我国残疾人高等教育体系不太完善的现实，目前我国在职的聋人教师绝大多数未接受过长期的、系统的、正规的师范教育（张宁生，2002）。非师范专业出身、所教学科并非大学所学、未经培训便匆匆上岗，是C校三位聋人教师的真实写照。职前教育和职后培训的缺乏，使他们并不完全具备一名合格的协同教师应有的基本素质。

无教师资格证的聋校"教师"是三位聋人教师的第二重身份。根据我国

《教师资格条例》规定，聋人教师因为自身生理状况而无法获得教师资格证，而公立学校教师招聘必备的条件则为"资格必获"，两相冲突之下，聋人教师只能以编外人员的身份进入学校工作，无法获得正式编制。聋人教师资格获取的问题业已成为实施聋人和听人教师协同教学的一大困扰（孙继红，2004；郑荔，2009）。C校三位聋人教师面临着相同的困境。尽管C校管理者S校长在访谈中表示会"特事特办"，但迟迟未兑现的承诺让聋人教师只能以"临时教师"的身份从事教学。

作为欠合格的协同教师，聋人教师在协同教学过程中的表现欠佳，引来听人教师的抱怨，对协同教学良好合作关系的构建造成负面影响。但三对协同教师的合作关系最终并未走向破裂，这得益于聋人教师的第二重身份——无编制的聋校教师。聋人教师的相对弱势地位赢得了听人教师的共情，相互的理解和帮助又对平等合作关系的形成产生了促进作用（见图8-1）。

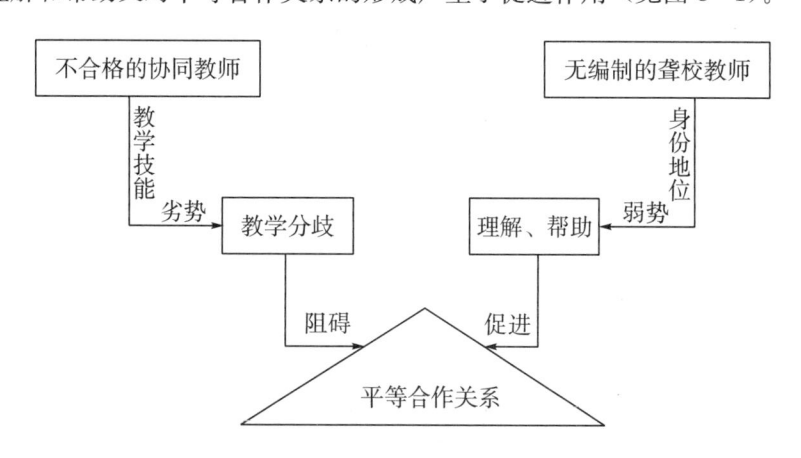

图8-1 聋人教师双重身份对平等合作关系平衡示意图

聋人教师双重身份的抗衡使得C校三对协同教师的合作关系暂时达到平衡，这种平衡会持续到何时，取决于聋人教师自身水平、努力程度和听人教师的帮助力度，但结果都未可知。长远来看，要让协同教学获得成功，让聋人教师的真正价值得到承认，仅靠其弱势身份地位来获取同情绝非长久之计，最关键的还是聋人教师切实提高教学理论、教学技能、学科知识和协同教学技能等方面的水平。要实现这样的目标，不仅是要依靠高校或机构组织一些短期的、集中的聋人教师培训，更重要的是要把聋人教师师资培养纳入残疾人高等教育体系中，开辟规范化培养聋人师资的道路（郑璇，2011）。

（三）C校协同教学的本质

笔者认为，协同环节完整性、协同模式丰富性和协同教师配合度是衡量协同教学是否完整和优质的重要标准。因此，要对C校协同教学的本质进行挖掘，就不得不从大量的细节中跳脱出来，从教学环节实施、教学模式使用和教学主体关系这三个方面对其整体路径进行思考。

与传统"备课—上课"的教学流程相比，协同教学更多地把重点放在了课前准备和课后反思环节，并据此将协同教学流程拓展为"预准备—准备—实施—评估—回顾"五个环节。而受教师专业度、时间、精力等因素限制，C校的聋人和听人教师协同教学环节被掐头去尾，仅完成了"备课"和"实施"两个环节。

与其他协同教学相比，C校聋人和听人教师协同教学课堂上呈现出的教学模式颇为丰富，并且均出现了对协同教师要求较高的小组教学模式。但如前文所述，这种丰富性是聋人教师天然优势的自然体现，仅能体现聋人教师参与双语教学的必要性，不能充分说明C校三对协同教师对协同教学模式的熟练度高、掌握灵活。

尽管聋人教师的双重身份让合作关系保持了平衡，但由弱势身份带来的友好关系中，"同情"占很大部分，加之聋人教师在备课、反思等环节处于从属地位，因此并不能将聋人教师与听人教师之间的合作关系称为"平等"的合作关系。

综上所述，C校开展的教学活动仅具备了协同教学的基本形态，并未具备"有两位同等资格教师""重视课前和课后准备""建立平等的合作关系"等核心要素（Cook，1995），因此在本质上并不属于真正的协同教学。

第四节 影响聋人和听人教师协同教学的因素

发源于北欧的协同教学，在我国本土生根发芽后展现出独有的特色。除西方学者已揭示出的协同教师合作关系、学校支持力度、学生学段及学生类型三个固有因素外,协同教师教学技能、聋教育现存问题和双语项目的性质等本土因素对我国聋人和听人教师协同教学的影响也不可小觑。在固有因素和本土因素的合力作用下,C校聋人和听人教师协同教学拥有了其独特面貌。

一、固有影响因素

(一)协同教师合作关系

协同教师合作关系是影响协同教学的首要因素(Solis,2012)。在本研究中,C校聋人和听人教师协同教学之所以能顺利实现,在很大程度上归功于协同教师合作关系的成功构建。尽管在教学技能上,听人教师对聋人教师颇有微词,但基于对性格相投、彼此尊重的看重,三位听人教师仍然在协同过程中和搭档建立了深厚感情。以情感做支撑,听人教师愿意花时间为聋人教师做额外辅导,能够心平气和地看到其在协同教学中发挥的作用,遭遇困境时也能与其共同找到解决问题的策略。在外界支持不足的情况下,良好的合作关系是让C校协同教师明知举步维艰仍然奋力前行的最大动力。

(二)学校支持力度

学校支持的力度大小影响着协同教师的态度和表现,继而对协同教学质量产生影响。培训、时间和资源是学校所能给予的三大主要支持(Walther-Thomas,1996)。在C校的协同教学实施过程中,教师得到的支持微乎其微。培训和选拔环节的一再缩水,让协同教师一开始就处于被动地位,双方磨合时间也被大大延长;时间的紧迫,令协同教师不得不自行"减负",不断删减协同教学的必要环节;而实时指导的匮乏,让协同教师在面对学生双语冲突和教学创新失败时,只能选取回避的态度,对问题"悬而不谈"。在如此窘迫的情境下进行的协同教学,更像是协同教师在泥潭中的自我挣扎，虽已用尽全力，终不得前进半米。

(三) 学生学段及学生类型

挪威学者斯坦艾瑞克（2009）在访视我国聋人和听人教师协同教学后总结道，中国一些聋校开展协同教学的时间随学段的升高而减少。在本研究中这样的规律同样存在。学前阶段绝大多数课程均由聋人和听人教师共同完成；升至小学一、二年级，聋人和听人教师仅在语文和数学学科进行协同教学；到三年级以后，协同教学几乎不再出现，所有课程均由各学科教师单独教授，原班级聋人教师重新返回一年级和听人教师组成新的搭档进行教学。学校解释，这样安排一方面是因为高年级学生掌握的手语词汇逐渐增多，听人教师可以独立进行教学；另一方面则是因为聋人教师的学科知识不足以胜任高年级课程。聋人师资培养不足的现实状况，让开展协同教学的聋校被迫"创新"。这种无奈之举虽勉强维持了协同教学的实施，但两年一轮换的速度对需大量时间进行磨合的协同教学来说过于匆忙。同时，这种"短、平、快"的形式也为"评估"和"回顾"环节的缺失提供了冠冕堂皇的理由。

二、本土影响因素

(一) 协同教师教学技能

在西方学者的研究中，协同教师往往分别来自特殊教育和普通教育领域，且多倾向于选择有多年教学经验、在本领域积累颇丰的教师作为候选者（Scruggs，2007；Sileo，2011）。在这样的背景下，协同教师的教学技能可以得到保证，不会对教学效果产生显著影响。但反观本研究中的几位研究对象，无论是聋人教师还是听人教师均是以新入职教师的身份参与协同教学。其中聋人教师都是非师范专业毕业，两位听人教师之前并未接触过特殊教育，也无任何手语基础。考虑到这样的入职背景，如果和西方学者一样将协同教师的教学技能这一影响因素忽略的话可能会有所不妥。以新手教师身份参与协同教学，初期的慌乱和困惑可想而知，这在缺乏专业素养的聋人教师身上表现得更加突出。聋人教师教学技能缺乏这块短板的存在，不仅让合作关系的构建遭遇瓶颈，更大的弊端还在于阻碍了聋人教师自身价值的体现，未能让聋人教师参与协同教学的天然优势得到最大程度的发挥。

（二）聋教育现存问题

聋人和听人教师协同教学根植于聋教育的大环境中，目前我国聋教育存在的问题必然会和其产生交互影响。对普校教材的过度使用，使得教师教学负担过重，无暇顾及协同教学这种相对复杂的教学形式；学前段完整课程体系的缺失，让协同教师在备课环节耗费大量时间和精力，同时也无从考量协同教学的最终效果；另外，我国手语词汇量的缺乏也影响着聋人和听人教师之间的顺畅交流。生根环境的复杂性，使得我国聋人和听人教师协同教学犹如一块璞玉，因种种干扰得不到精心打磨，目前只能以最原始、粗糙的状态存在着。

（三）双语项目的性质

在对C校聋人和听人教师协同教学产生环境的复杂性进行探讨的同时，其双语项目自身性质的特殊性也成为一个不容忽略的本土因素。C校聋人和听人教师协同教学受某国外基金会的资助，属于聋人双语项目的一部分。这样的背景首先决定了其实施路径为自下而上，相较一些由政府自上而下发起的改革来说，学校所能争取到的外来资源较少，在一定程度上影响了协同教学实施的程度。其次就其性质来说，协同教学具有暂时性、实验性的特征，实施时间长短基本取决于赞助方的意愿。在这样的情况下，无论是听人教师还是聋人教师都不愿一心一意地投入协同教学，而是纷纷为自己寻找后路。这样浮躁的心态必然会对协同教学造成消极影响。

综上所述，C校的聋人和听人教师协同教学之路走得很艰难，这在其他特殊教育学校也一样。质疑、批判、推崇、喝彩……历经喧嚣后，我们庆幸犁铧终于落在了我国的土地上，针对聋生的协同教学开始了本土的开垦和耕耘。虽然前行缓慢、道路蜿蜒、收成歉丰，但仍然要相信其存在的意义和价值。约一百年前（1927年），我国还没有公立聋校；六十多年前（1958年），我国才开始正式招聘聋人教师；三十多年前（1986年），我国还没有特教专业；十多年前（2010年），我国还在为聋人手语地位和是否存在聋人文化进行激烈讨论……历史的推进，促成了我国聋人和听人教师今天的协同教学。以宽容之心等候，愿协同教学能与手语教学和口语教学一起，成为聋教育方法的第三选项，并以高效高质的教学回馈聋生和家长的慎重选择。这是所有人对未来我国聋人和听人教师协同教学的共同期待。

第五节　结论和启示

　　本研究的分析和讨论建立在较为全面、翔实的原始资料积累之上。笔者使用三角验证来检验结论的真实性，不仅通过亲身观察来判断研究对象言谈的真实性，还利用学校管理者、其他非协同教师的言谈来与研究对象的回答进行相互印证，以此提高研究结论的可信度。虽然笔者竭力追求研究的全面性，但研究仍然存在不足之处，如受笔者本身手语水平限制，与聋人教师的交流不够深入，研究中聋人教师发声不足。因此，在未来的研究中，还应进一步挖掘聋人教师在协同教学中的作用及其感受，全面还原聋人和听人教师协同教学和合作关系构建的真实过程。

　　在未来聋人和听人教师协同教学实施的过程中，相关各方一方面应为聋人教师提供最大程度的支持，从上岗前的培训到教授课程中教学技能的提升，再到校内其他事物的承接，都应切实考虑聋人教师的需求，保证将协同的重点真正落实到"教学"上；另一方面也应为参与协同教学的听人教师提供时间和物质支持，将其为协同教学额外付出的备课、磨课时间纳入工作量考核，并折算为相应津贴，以此来提升教师参与协同教学的积极性，为建立良好、积极的协同教学合作关系打下坚实基础。

第八章 / 当聋人成为教师：一种有效的教学合作

第六节　本章小结

本章通过访谈、课堂观察和实物分析，以C校内参与协同教学的三对聋人和听人教师为研究对象，对其协同教学实践和合作关系进行深描。研究周期长达一年，访谈对象同时涵盖听人教师、聋人教师和学校行政管理人员，获得的数据较为翔实，且能通过三角验证保证数据的真实性。

本研究发现，聋人和听人教师协同教学在实践和合作关系上均存在显著特点。首先，在教学实践方面，可细分为备课、上课和课后反思三个环节。在备课环节，协同教学呈现出聋人教师主导需要与主导不能的矛盾冲突；在上课环节，聋人教师先天思维优势无法最大限度地发挥，后天教学技能不足使得教学过程实施较为困难；在课后反思环节，由于教学时间有限，这个环节常常被省略。其次，在教学合作关系方面，参与协同教学的听人教师表现出对聋人教师既同情又无奈的矛盾情感。同情是因为聋人教师承担了过多教学任务，且待遇偏低；无奈则多由聋人教师教学技能相对缺乏引起，这使得听人教师承担了过多的教学工作。本研究认为，C校的聋人和听人教师协同教学有一定效果，但本质上为"浅层帮带"，而非"深层协作"的协同教学。

值得一提的是，透过听人教师的讲述，我们可以发现聋人教师在聋教育领域存在听人教师不可比拟的优势，比如与聋生具有天然的亲近性、共同的聋人思维让聋人教师的教学设计更适合聋生、熟练的手语使用使得课堂信息的传递更为有效。但遗憾的是，受限于聋人教师职前培养的相对不足，聋人教师在协同教学中并未充分发挥出自身优势。在聋校场域中，聋人教师被鼓励以手语进行交流、面向聋生群体教授知识、传播聋人文化，聋人教师在其中可得到充分尊重，实现较自由的发展，但专业技能的相对不足仍然对其职业形象产生了负面影响。本研究结果进一步说明，实现聋人在社会场域下的积极互动，既需社会大众抛开偏见，也需聋人自身充分发展职业技能，这样聋人群体才能获得真正的尊重和肯定。

附　录

附录一　访谈手记：养育普通儿童和特殊儿童有何不同？

之前不是给大家说我访谈了一对有特殊需要小朋友的父母吗？我认真地整理了录音，把那天的交流场景复盘了几遍，有了今天的思考。

他家的小朋友，又萌又乖，带他的老师都很喜欢他。所以我想请教他的爸爸妈妈是怎么带小朋友的。接近两个小时的交流下来，我觉得他们的育儿技巧既简单又纯粹，就是认认真真地做父母。

第一，就是勇于承担做父母的责任，既能为他遮风挡雨，又能陪他疯陪他闹。他们觉得最重要的一点是自己的心态要摆正，从不觉得家中有特殊需要的孩子是件需要遮遮掩掩的事。爷爷奶奶觉得伤心，看到小两口带着孩子有说有笑，从不抱怨，渐渐地也变得乐观。孩子回家问为什么别的小朋友没有小耳朵，他们就明明白白地告诉他，每个人都是不一样的，每个人的需求也是不一样的。带孩子出去，邻居好奇发问，他们就大大方方地解释。做一棵孩子生命中的大树，挡在他头顶，不让他小小的心灵有一丝阴霾。

除了认认真真地遮风挡雨外，他们也认认真真地践行着陪孩子玩的职责。他们说只要有时间，他们就不窝在家里，哪怕只有一两个小时的空闲，也要一家三口一起出去逛逛玩玩，见很多东西，见很多人，说很多话。和孩子在一起，永远都鼓励他多说，从来不要求他"你安静一点"，也不会抱怨

"你怎么话这么多"。每天睡前他们都给孩子读绘本,让他养成睡前听故事的习惯,第二天早上坐在小马桶上他都要捧着绘本自己复习昨天妈妈读的故事。

第二,就是有为人父母的自觉性,为孩子做好榜样。怎么要求孩子的,自己就首先做到。比如想让孩子不打人,自己就从不打孩子。想让孩子好好地慢慢说话,自己就永远对孩子"和风细雨"。想让孩子不骗人不撒谎,自己就坚决说到做到,连在网上订的玩具什么时候到都给孩子交代得清清楚楚,绝不用"爸爸忘了""妈妈下次给你买"搪塞。听他们讲这段话的时候我就想起在火车上遇到的那对母子,妈妈边打儿子的手,边说"叫你打妈妈,妈妈把你的手打红,看你以后还打不打妈妈"。这孩子以后还打不打妈妈呢?

第三,就是要学习如何为人父母。虽然父母是不需要任何培训就能上岗的超低门槛职业,也没有人督导和评估,但自家孩子的综合素质高低就是家长有没有进行在岗培训的最好证明。在妈妈本身是教育工作者的背景之下,爸爸跟随妈妈的脚步,两人一起学习了很多问题行为处理技巧。比如,尊重孩子的节奏,给他充分的缓冲时间。活动转换的时候都会给他预告"你还可以玩5分钟,5分钟以后我们就要走了"。尊重孩子的感受,给他情绪释放的机会。孩子激动大喊大叫的时候,把他放在专用的"隔离地带",耐心地等他冷静后再慢慢安抚。尊重孩子的需求,去超市要买什么提前说好,孩子临时起意要的玩具,一般会遭到拒绝。当然看到他失望的小眼神,爸爸妈妈也会给他惊喜,过一段时间在网上买来当作礼物送给他,搞得孩子现在最喜欢的人是快递叔叔。

最后一点也是我最佩服的一点,就是爸爸参与很多很多。访谈的时候爸爸谈到的育儿经比妈妈还多,理论和实践都信手拈来。接送孩子、参加家长会、参与家长微信群的讨论、回家陪孩子玩,爸爸都在"战斗"的第一线。他说只要工作上没有什么大事,一般都会以孩子的事为重。我在访谈时现场表达了这个观点,妈妈立即在旁边点头,满含笑意地说:"是是是,爸爸确实参与了很多。"说句题外话,访谈的时候他们俩常常相视一笑,相互补充,幸好我已不是"单身汪",不然那天"狗粮"都要吃撑,真是结结实实地被

优势视角与抗逆力提升：
  聋儿家庭与聋人个体

甜到了。

最后，访谈的末尾爸爸出去溜达，妈妈补充说道："其实爸爸能参与进育儿这件事情来，最大的动因是因为我自己工作比较忙。"因为妈妈要工作，所以爸爸才有参与的机会和动力。如果爸爸养家的负担比较重的话，只能心有余而力不足，还会以挣钱养家居功，理所应当地把养孩子的事儿全权交给妈妈。妈妈说她出去参加培训时，有时候晚上出去做做瑜伽，都是爸爸带小朋友玩。

我自己逛街的时候，见过太多手忙脚乱带小朋友的爸爸，妈妈只是去上个厕所，几分钟的时间爸爸都带不住，只能抱着孩子望着妈妈去的方向，一直重复"妈妈马上来了，妈妈马上来了"。我的育儿理想是，希望我的孩子和我家干儿子一样，爸爸妈妈一起站在他面前，问他："你要跟爸爸坐一个车还是妈妈坐一个车走？""你要爸爸喂饭还是妈妈喂饭？"标准答案永远都是一句响亮的"爸爸"！这么说并不是一定要让父母在孩子心里争个高低，只是希望父亲更多地参与对孩子的教育，做一个孩子心中的好爸爸。

说了这么多再回头看题目——养育特殊娃娃和普通娃娃有什么区别呢？我的答案是没有区别。不管娃娃是特殊还是普通，是男孩还是女孩，是老大还是老二，把孩子养得白白胖胖、快快乐乐，都需要家长像文中这对父母做到的那样：认认真真地做自己，认认真真地做夫妻，认认真真地做父母。起身能遮雨，蹲下能陪玩；恒以身作则，善反思精进；尊重孩子生而为人的权利。

以前班上有位同学分享自己的经历：去康复中心做义工，遇见脑瘫孩子的家长。一位奶奶握着她的手，一直流泪，一直重复：孩子这样了，我活着还有什么意思，不如死了算了。我死了他又怎么办呢，不如带上他一起走了。那位同学说她有巨大的绝望感，说她学了特殊教育却觉得自己很没用。我觉得这是典型的被他人情感吞噬的例子。除从特殊教育从事者应确立界限的角度分析外，从家长责任的角度来评价此事，我觉得养孩子归根结底是家长自愿选择做的功课。当孩子的状态已成既定事实后，家长选择如何做，是唯一能够让事情发生改变的因素。当一名好家长和娃娃是不是有特殊需要关系不大。

附录二　听力康复儿童家长需求调查问卷

尊敬的家长：

　　您好！感谢您在百忙之中参与此次问卷调查。本问卷旨在了解现阶段听力康复儿童家庭的需求和社会支持等基本情况，以期更切实有效地推进听力康复儿童的早期干预工作。本问卷采用无记名的方式，您的个人信息和您所填写的资料我们将只用于学术研究，并为您严格保密。本问卷不会对您和您的孩子产生不利影响，但信息的真实性对我们的研究很重要，希望能得到您真实的回答。我们由衷地感谢您的帮助和支持。

儿童信息	性别：□男　□女		出生日期：　　　　年　　　月
^	是否有兄弟姐妹：□有　　□无		家里排行：□第一胎　□第二胎
家庭信息	父亲年龄：	父亲职业：	父亲文化程度：
^	母亲年龄：	母亲职业：	母亲文化程度：
^	家庭平均年收入： □2万元以下　□2万~4万元　□4万~8万元　□8万~12万元　□12万元以上		
^	每年投入儿童的听力康复设备的支出费用大约为＿＿＿＿元		
^	每年投入儿童的教育或干预训练的支出费用大约为＿＿＿＿元		
^	儿童主要照料者（限选1项）： □父亲　□母亲　□外公外婆　□爷爷奶奶　□保姆　□专业人员　□其他		
^	儿童主要照料者人的最高文化程度为＿＿＿＿		
儿童的听力损失情况：左耳＿＿＿＿dB　右耳＿＿＿＿dB			
儿童进行听力补偿后的听力情况：左耳＿＿＿＿dB　右耳＿＿＿＿dB			
儿童听力补偿设备： 左耳 □人工耳蜗　□助听器　□无　□其他＿＿＿＿ 右耳 □人工耳蜗　□助听器　□无　□其他＿＿＿＿			
最早发现儿童有听力损失的时间：＿＿＿＿年＿＿＿＿月 儿童当时的年龄：＿＿＿＿年＿＿＿＿月（足岁）			
确认儿童有听力损失的时间：＿＿＿＿年＿＿＿＿月 儿童当时的年龄：＿＿＿＿年＿＿＿＿月（足岁）			
信息提供者与儿童的关系：＿＿＿＿			

优势视角与抗逆力提升：
聋儿家庭与聋人个体

请在您认为与实际情况相符的选项处画"√"	完全符合	较符合	不能确定	较不符合	完全不符
1. 在医院、听力康复中心等处奔波造成身体劳累	5	4	3	2	1
2. 我想知道应对孩子问题行为的技巧	5	4	3	2	1
3. 我想知道如何安排孩子的教育	5	4	3	2	1
4. 我平时通过网络了解听力损失的相关知识和信息	5	4	3	2	1
5. 我认识的其他听力损失儿童家长为我提供很多相关知识和信息	5	4	3	2	1
6. 一些康复效果非常好的儿童案例让我觉得孩子是有希望的	5	4	3	2	1
7. 我想知道如何寻求社会资源的帮助	5	4	3	2	1
8. 专业人员的意见和建议让我的情绪变得更积极	5	4	3	2	1
9. 我想知道如何缓解家庭的压力	5	4	3	2	1
10. 家人和朋友的鼓励让我能化解因照顾孩子而产生的消极情绪	5	4	3	2	1
11. 普通子女受到忽略，影响亲子关系	5	4	3	2	1
12. 我想知道如何处理自己的情绪	5	4	3	2	1
13. 孩子的进步让我觉得很受鼓舞	5	4	3	2	1
14. 家人和朋友在必要时帮我照顾孩子，能减轻我照顾孩子的压力	5	4	3	2	1
15. 与其他听力损失儿童家长的交流让我能更好地面对孩子的障碍	5	4	3	2	1
16. 我想知道如何申请应享的权利	5	4	3	2	1
17. 我平时与教师、专家沟通获得听力损失的相关知识和信息	5	4	3	2	1
18. 向其他人说明孩子的障碍时感到很沮丧	5	4	3	2	1
19. 有孤独感，很多人不了解听力损失是怎么一回事	5	4	3	2	1
20. 我想知道如何面对社会对家中听力损失儿童的异样眼光	5	4	3	2	1
21. 我接受过针对听力损失的相关医疗服务，如免费配戴助听器、免费人工耳蜗移植、免费语言训练等	5	4	3	2	1

续表

请在您认为与实际情况相符的选项处画"√"	完全符合	较符合	不能确定	较不符合	完全不符
22. 相关专业人员如心理咨询师、家庭教育专家、行为矫正专家等为我提供很多支持和帮助	5	4	3	2	1
23. 我接受过听力损失儿童的相关经济补助	5	4	3	2	1
24. 我平时通过相关的专业书籍来了解听力损失的相关知识和信息	5	4	3	2	1
25. 我想知道孩子有哪些法定的权利	5	4	3	2	1
26. 我的朋友为我提供很多听力损失的相关知识和信息	5	4	3	2	1
27. 我想知道与专业人员沟通合作的技巧	5	4	3	2	1
28. 亲友长辈的不理解和指责使家庭关系受到消极的影响	5	4	3	2	1
29. 我想知道如何接纳听力损失儿童	5	4	3	2	1
30. 评估结果出来时,心情悲伤,非常震惊,难以接受,一段时间内不相信评估结果	5	4	3	2	1
31. 有点悲观绝望,对孩子的未来有强烈的担心和不确定	5	4	3	2	1
32. 不知道如何应对孩子的问题行为	5	4	3	2	1
33. 孩子与父母缺乏互动会带来失落感	5	4	3	2	1
34. 有照顾孩子的时间压力	5	4	3	2	1
35. 与医生、专家及特殊教育工作者打交道的机会增多	5	4	3	2	1
36. 我想知道如何安排孩子离开学校后的生活	5	4	3	2	1
37. 我想知道如何了解孩子目前的发展状况和可能出现的问题	5	4	3	2	1
38. 为照顾孩子而产生的过多家务劳动使我感到疲惫	5	4	3	2	1
39. 学习听力损失的相关知识而造成身体负担	5	4	3	2	1
40. 夫妻间彼此指责,认为对方应该为孩子的问题负责,造成夫妻关系紧张	5	4	3	2	1
41. 我想知道如何培养良好的亲子关系	5	4	3	2	1

续表

请在您认为与实际情况相符的选项处画 "√"	完全符合	较符合	不能确定	较不符合	完全不符
42. 休闲娱乐的时间大为减少，与朋友的交往受到影响，社交圈缩小	5	4	3	2	1
43. 特教老师和机构/学校提供了很多教育和干预儿童的信息和方法	5	4	3	2	1
44. 我想知道管理时间的技巧	5	4	3	2	1
45. 我的家人为我提供很多听力损失的相关知识和信息	5	4	3	2	1
46. 社会大众的理解让我觉得不再那么困扰	5	4	3	2	1
47. 我想知道如何缓解自己的压力	5	4	3	2	1
48. 将自己的孩子与其他普通孩子作对比时觉得失落和沮丧	5	4	3	2	1
49. 我所在的社区提供了很多支持和帮助	5	4	3	2	1
50. 我想知道如何处理家庭与学校互动的问题	5	4	3	2	1
51. 我想知道如何找到可帮助自己的专业人员	5	4	3	2	1
52. 我想知道如何处理孩子未来步入老年后的问题	5	4	3	2	1
53. 不知道如何在家中为孩子进行语言训练	5	4	3	2	1

附录三 家庭功能类型量表

内容	非常符合	符合	比较符合	比较不符合	不符合
1. 即使很忙也要花时间和家人在一起					
2. 不把家人的照顾当作理所当然					
3. 享受家人在一起的时间					
4. 为家庭做出贡献，家人之间相互帮助					
5. 为重要的家庭事件腾出时间					
6. 为家人的成就感到自豪					
7. 认为家人之间的关系比物质财富更重要					
8. 愿意为了家庭的利益做出牺牲					
9. 不管遇到何种困难都愿意与家人共同面对					
10. 家人之间可以相互支持					
11. 尝试暂时忘记令人头疼的问题					
12. 家人之间分享忧虑和感受					
13. 相信事情总会有转机					
14. 家人之间出现分歧时会考虑双方的意见					
15. 讨论解决问题的不同方法					
16. 对家庭重大事件表示支持					
17. 家人对家庭活动的意见达成一致					
18. 面临困境时家人能相互支持					
19. 做决定时考虑家庭整体利益					
20. 在寻求家人帮助前先尝试自己解决					
21. 尝试不为不可控的事件忧虑					
22. 愿意向朋友、亲戚寻求帮助					
23. 尝试看到事情积极的一面					
24. 遇到问题时家人共同讨论解决方法					
25. 有明确的判断行为是否被接受的规则					

附录四　聋儿家庭访谈提纲

1. 请简单介绍您的家庭和家庭成员。
2. 您的家庭被其他教师推荐为健康家庭，您认为您的家庭为什么会被定义为健康家庭呢？
3. 您在养育子女的过程中曾遇到过哪些困难？
4. 您在养育子女的过程中曾发生了哪些令您印象深刻的事情？
5. 您或您的孩子曾经参加过早期干预项目吗？如果有，干预的形式和内容是怎样的？
6. 您或您的孩子曾经接受过专家的指导吗？如果有，指导的形式和内容是怎样的？
7. 您认为早期干预项目或专家指导会对家庭正常生活产生影响吗？如果会产生影响，请问有哪些影响？
8. 您对其他聋儿家庭有什么建议吗？
9. 您对聋儿早期干预项目制定者或聋儿早期干预专家有什么建议吗？
10. 您还有什么内容需要补充吗？和家庭养育有关的任何内容均可。

附录五 "做脊柱型父母的沟通智慧"讲座实录

曾老师作为"最懂心理的教育者,最懂教育的心理师",从父母养育类型、合作关系建立和家庭信念建构等方面为家长带来智慧养育的理念和方法。

一、三种不健康的父母养育类型

(1) 权威型:父母发号施令,孩子只有被动服从。

(2) 骄纵型:孩子提出要求,父母一味满足。

(3) 忽略型:父母忽视孩子的需求,陪伴只是"陪着",没有情感投入。

二、我们应该成为哪种类型?做和善而坚定型的父母

(1) 区分需求和欲望,满足孩子的合理需求,不随意满足孩子的欲望。

(2) 建立孩子的规则意识。事项结束之前提前告知,如"你还有 10 分钟可以玩……""你还有 5 分钟可以玩……""你现在需要去写作业了"。

(3) 做有底线的父母,不随意更改自己的原则。

(4) 父母尊重孩子,孩子尊重父母。

(5) 父母和孩子之间设立界限,孩子才能学会和别人设立界限。

三、怎样和孩子建立"关系"?

(1) 回应孩子的需求。关注孩子的反应,及时满足孩子的需求,包括情绪的需求、反馈的需求。例如,陪伴孩子的时候全心全意,不玩手机,不看电视。

(2) 需要和孩子互动时,全情参与。孩子一个人专注地玩时,保持视线关注。孩子每一次抬头时,都要与他视线接触,表示关注一直存在。

一个体验:两人对视三分钟,不说话,只想着"眼前是值得我珍视的人"。

(3) 真正地支持孩子。与孩子站在同一视角思考,再表达观点和意见。孩子不听话时,不直接责备"你为什么不听",而先反思自己的指令或做法是否有问题。

一个体验：变换与孩子站立的位置，从面对面，变为站在孩子身后，面向同一方向。这样才能站在孩子的视角看世界。

（4）不知如何与孩子沟通时，"少说多做"。只在旁边陪伴，轻抚后背。

一个体验：拥抱传递力量。拥抱孩子的时候不轻拍，温和而坚定地拥抱，也可以拥抱时一手轻抚孩子脊柱处。夫妻拥抱时可从腰部环抱。

（5）建立和孩子之间的联结。

①学会共情，学会感受孩子的感受。

②学会处理自己的情绪，而不是控制自己的情绪。

③充分地感受情绪，感受情绪的流动，感受情绪的高峰和低谷。

④关注孩子的情绪，谨记：感觉好起来，行为才会好起来。

⑤让孩子做某事之前，要让孩子高高兴兴地去做，而不是带着不好的情绪去做。

四、曾老师送给家长们的话

（1）妈妈是家庭中的重要角色，一位好妈妈改变整个家庭的命运。

（2）家长要活出自己的样子，成为孩子的榜样，用自己的生命状态影响孩子，而不是让孩子去完成自己未完成的梦想。

（3）家长有力量，孩子才会有力量。

（4）焦虑是会传递的，不要把自己的焦虑传递给孩子。

（5）多关注生命的优点，越在意缺点，缺点就越会被放大。

（6）孩子选择了我们，我们就陪着孩子一起完成生命中属于我们的功课。

讲座结束后，家长们积极地向曾老师和陈老师提问，两位老师也给予了专业的解答，如爱和康复之间的关系：爱排在第一位，同时也需要专业的康复；要给自己时间和空间，处理自己的情绪，不让焦虑传递到孩子身上。讲座进行了整整3个小时，所有家长全程高度参与，积极地与教师互动，认真地体验、记录、提问。

此次讲座是成都大学师范学院特殊教育系"家庭抗逆力提升研究"课题组与成都××康复中心合作举办的系列讲座中的第一场。在今后的日子里，我们会根据家长的建议，不定期邀请相关领域的专家，为家长带来需要的知识和信息，敬请期待。

今后每一次讲座都不交纳任何费用，不限名额，欢迎曾经、现在和未来在××康复中心学习的孩子家长都来参加。

附录六 "孩子，我们一起读书吧"讲座实录

成都大学师范学院副教授、儿童文学阅读推广者朱老师来到成都××听力语言康复中心，为家长和老师带来了一场名为"孩子，我们一起读书吧"的精彩讲座。

当天到场的不仅有爸爸妈妈、爷爷奶奶、外公外婆，还有××听力语言康复中心的老师。他们当天冒着大雨，早早地到场等待讲座开始。和爸爸妈妈一起来的小朋友，也有模有样地学起了看书。

朱老师首先以《我爸爸》《我妈妈》两本绘本作为切入点，帮助家长了解什么是绘本、怎么看绘本。比如看到《我爸爸》的封面，首先要看人物的表情、衣着，再想这本书可能会讲一个怎么样的故事。

借由这个切入点，朱老师引出一个重要的理念：绘本阅读应该没有目的性，没有功利性。家长在绘本的阅读中，不应该走在孩子前面，也不应该走在孩子后面，而是走在孩子身边，牵着孩子的手一起前行。读绘本时，家长一定要放下大人的身段，找回童趣，学会去看图，而不是读字。

接着，朱老师为家长阐释了孩子阅读的重要性，以及为什么要提倡"亲子共读"。大量的研究已表明，从幼儿期开始阅读的儿童，进入基础教育阶段后，阅读能力、学习能力、社会交往能力、情绪控制能力都要远远超出没有阅读习惯的同龄儿童。而且亲子共读的形式，可以为家庭带来非常难忘、非常有乐趣的亲子时光。

既然阅读有这么多好处，那到底我们该做些什么，来增加亲子阅读的乐趣呢？朱老师给家长支了几个妙招：

（1）一定要与孩子同行，挖掘出自己心中的童趣。

（2）阅读过程中，有的研究者主张不要求孩子识字，有的研究者主张把握识字的机会。朱老师结合自己与儿子相处的经验，给出的建议是因人而异，不要强求。

（3）亲子阅读中的参与者可以是所有的家庭成员，爸爸妈妈、爷爷奶

奶、外公外婆都可以是阅读者。同一个故事，由不同的人读出来，感受也许截然不同。

（4）阅读的习惯是在潜移默化中被培养出来的，其中一个技巧是在家中四处都摆上书。比如在餐桌旁，摆放与规范进餐有关的绘本；在沙发上，摆放与游戏、休闲有关的绘本；在床头柜上、枕头旁摆放舒缓、平静、有利于入睡的绘本等。久而久之，孩子自然会养成到处是书、随处阅读的习惯。

讲座的最后，朱老师与在场的家长和老师进行了绘本阅读，大家一起读了《妈妈，我要去旅行》《母鸡萝丝去散步》《长长的××》。在阅读的过程中，朱老师生动的语言、夸张的动作和恰到好处的引导，激发了在场家长的极大兴趣，现场不时响起阵阵笑声和惊叹声，大家好像都回到了小时候，不时为作者的奇思妙想感到由衷的赞叹。家长表示，原来绘本这么有趣，马上回去就给孩子读读看。

朱老师最后总结说，就像不强求每位孩子在阅读中识字一样，每个孩子都是不同的。每个孩子的起点不一样，但最终都会成为一个幸福、快乐的人。希望爸爸妈妈们一起努力，与孩子共同奔向美好的终点。

主要参考文献

中文

［1］边玉芳，梁丽婵，张颖. 充分重视家庭对儿童心理发展的重要作用［J］. 北京师范大学学报（社会科学版），2016（5）：46－54.

［2］曾守锤，李其维. 儿童心理弹性发展的研究综述［J］. 心理科学，2003，26（6）：1091－1094.

［3］陈福侠，张福娟. 国外残疾污名研究及对我国特殊教育的启示［J］. 中国特殊教育，2010（5）：3－7.

［4］莱维斯. 双语聋教育在丹麦［M］. 吴安安，译. 北京：华夏出版社，2005.

［5］冯跃，杨蕾. 家庭抗逆力与文化相契性研究［J］. 华东理工大学学报（社会科学版），2018，33（6）：10－17.

［6］冯跃. 国外家庭抗逆力的内涵及模式研究述评［J］. 首都师范大学学报（社会科学版），2014（4）：140－145.

［7］冯跃. 家庭抗逆力研究：整合思潮评析［J］. 首都师范大学学报（社会科学版），2017（3）：160－165.

［8］关文军，颜廷睿，邓猛. 社会建构论视阈下残疾污名的形成及消解［J］. 中国特殊教育，2017（10）：12－18.

［9］贺荟中，苏朦朦. 成年聋人外周视觉加工优势及其原因探究——从行为到脑的研究［J］. 西北师大学报（社会科学版），2019，56（4）：

117—122.

[10] 胡定荣. 影响优秀教师成长的因素——对特级教师人生经历的样本分析 [J]. 教师教育研究, 2006, 18 (4): 65—70.

[11] 华红琴, 曹炎. 信念、沟通与联结: 自闭症儿童家庭抗逆力生成研究 [J]. 社会工作, 2019 (3): 28—40.

[12] 黄丽辉. 新生儿及婴幼儿早期听力检测及干预项目的实施 [J]. 听力学及言语疾病杂志, 2011, 19 (1): 5—6.

[13] 纪文晓. 从西方引介到本土发展: 家庭抗逆力研究述评 [J]. 华东理工大学学报 (社会科学版), 2015, 30 (3): 29—42.

[14] 克兰迪宁. 进行叙事探究 [M]. 徐泉, 李易, 译. 重庆: 重庆大学出版社, 2015.

[15] 李冬卉, 田国秀. 逆境中的生长: 一例自闭症儿童的家庭抗逆力研究 [J]. 华东理工大学学报 (社会科学版), 2018, 33 (1): 42—50.

[16] 林小英. 分析归纳法和连续比较法: 质性研究的路径探析 [J]. 北京大学教育评论, 2015, 13 (1): 16—39.

[17] 凌辉, 朱溆湘, 李新利, 等. 大学生自我同一性与父母教养方式的关系研究 [J]. 中国临床心理学杂志, 2010, 18 (6): 786—788.

[18] 刘佳欣. 小组工作在缓解听障儿童家长压力中的应用——以呼和浩特市聋儿康复中心家长成长性小组为例 [D]. 呼和浩特: 内蒙古师范大学, 2015.

[19] 刘训华, 许光亮. 叙事文本的有效性分析——兼论教育生活叙事的文本编码与解析 [J]. 教育学报, 2021, 17 (1): 43—58.

[20] 刘颖, 先照勇, 李伦银. 美国协同教学实践发展的现状及启示 [J]. 现代特殊教育, 2016 (12): 44—48.

[21] 刘颖, 孙雪. 中美聋儿早期听力筛查和干预的比较研究 [J]. 现代特殊教育, 2022 (10): 42—48.

[22] 刘颖, 肖非. 且行且歌: 听障儿童家庭抗逆力生成过程个案研究 [J]. 中国特殊教育, 2018 (4): 26—31.

[23] 刘颖. 聋人父母指导聋儿早期阅读的策略研究述评 [J]. 中国特殊教

育，2014（9）：32—36.

[24] 刘颖. 植入人工耳蜗儿童家长社会认同建构叙事探究［D］. 北京：北京师范大学，2020.

[25] 刘玉兰. 西方抗逆力理论：转型、演进、争辩和发展［J］. 国外社会科学，2011（6）：67—74.

[26] 杨国枢，陆洛. 中国人的自我：心理学的分析［M］. 重庆：重庆大学出版社. 2009.

[27] 马伟娜，桑标，洪灵敏. 心理弹性及其作用机制的研究述评［J］. 华东师范大学学报（教育科学版），2008（1）：89—96.

[28] 拉鲁. 家庭优势：社会阶层与家长参与［M］. 吴重涵，熊苏春，张俊，译. 南昌：江西教育出版社，2014.

[29] 迈尔斯，休伯曼. 质性资料的分析：方法与实践［M］. 张芬芬，译. 2版. 重庆：重庆大学出版社，2008.

[30] 邓津，林肯. 质性研究手册：方法论基础［M］. 朱志勇，王熙，阮琳燕，等译. 重庆：重庆大学出版社，2018.

[31] 沃尔什. 家庭抗逆力［M］. 朱眉华，译. 上海：华东理工大学出版社，2013.

[32] 乔宇斐，商莹莹. 新生儿与儿童听力筛查中的问题与对策——京津冀地区儿童听力诊断中心2019年第四季度学术活动报道［J］. 中华耳科学杂志，2020，18（1）：214—215.

[33] 双语聋教育项目组，赵庆，任健美. 中挪（SigAm）双语聋教育实验项目研究报告［J］. 中国特殊教育，2009（5）：41—45.

[34] 斯坦艾瑞克·欧纳，吴安安. 与中国聋校的沟通和合作：中挪手语双语教育的合作经验［J］. 中国特殊教育，2009（4）：59—69.

[35] 宋广文，周方芳. 处境不利儿童心理弹性的研究及其教育启示［J］. 中国特殊教育，2010（10）：75—78.

[36] 孙继红. 双语聋教育管理中的问题与对策研究——基于对N校双语聋教育管理的个案分析［D］. 南京：南京师范大学，2004.

[37] 万选蓉. 简述聋儿早期干预理论及实施方法［J］. 中国听力语言康复

科学杂志，2004（3）：44-46.

[38] 王东升，张玲，邓猛. 教育现代化背景下融合教育本土教学实践特色的探析［J］. 中国特殊教育，2022（9）：3-10+20.

[39] 王梅先. 特殊教育辅读班合班教师协同教学历程的质性研究——以重庆市渝中区东升楼小学辅读班为例［D］. 重庆：重庆师范大学，2011.

[40] 王玉波. 传统的家族认同心理探析［J］. 历史研究，1988（4）：18-30.

[41] 魏爱春，李雪萍. 关系网与生命周期：家庭抗逆力本土化研究的维度拓展［J］. 华东理工大学学报（社会科学版），2019，34（2）：36-42.

[42] 魏寿洪，王雁. 美国循证实践在自闭症谱系障碍儿童干预中的应用及其对我国的启示［J］. 比较教育研究，2011，33（6）：15-19.

[43] 国家卫生和计划生育委员会新生儿疾病筛查听力诊断治疗组. 婴幼儿听力损失诊断与干预指南［J］. 中华耳鼻咽喉头颈外科杂志，2018，53（3）：181-188.

[44] 吴永玲，国家亮. 聋童注意的特点及其培养［J］. 中国特殊教育，1994（2）：34-36.

[45] 夏少琼. 残疾人家庭抗逆力与创伤康复研究——基于残疾儿童家庭个案［J］. 残疾人研究，2014（1）：28-31.

[46] 解殿伟，吴菁瑾. 3+3+3聋人继续教育模式实践研究［J］. 绥化学院学报，2022，42（7）：60-62.

[47] 徐雪娇，江琴娣. 听力障碍幼儿家庭早期干预的个案研究［J］. 南京特教学院学报，2009（3）：21-24.

[48] 徐子淇. 聋人大学生歧视知觉、心理弹性与学校适应的现状及关系研究［D］. 淮北：淮北师范大学，2021.

[49] 许江嫒. 中国、瑞典与美国三国听障教育手语政策比较［J］. 中国特殊教育，2013（8）：36-41.

[50] 阎云翔. 差序格局与中国文化的等级观［J］. 社会学研究，2006（4）：201-213.

[51] 扬州特殊教育学校双语实验小组,王琦. 扬州特殊教育学校双语聋教育实验报告[J]. 中国特殊教育,2009,107(5):36-40.

[52] 杨希洁. 我国大陆特殊儿童早期干预研究综述[J]. 中国特殊教育,2003(4):64-69.

[53] 杨宜音. 多元混融的新型自我:全球化时代的自我概念[J]. 中国社会心理学评论,2015(1):97-116.

[54] 杨宜音. 关系化还是类别化:中国人"我们"概念形成的社会心理机制探讨[J]. 中国社会科学,2008(4):148-159.

[55] 姚适,朱军,姜鑫,等. 2010年中国新生儿听力筛查覆盖率与管理现状分析[J]. 中国妇幼保健,2014,29(4):497-499.

[56] 伊利斯克. 多元文化背景下民族地区特殊学校教师身份认同研究[D]. 北京:北京师范大学,2019.

[57] 于松梅. "Coda"的文化含义[J]. 现代特殊教育,2009(4):38-39.

[58] 于新明,孙萍. "互联网+"聋健融合线上就业平台的相关研究[J]. 价值工程,2020,39(14):215-217.

[59] 余敦清. 世界特教史上的又一次新浪潮——"聋人双语教学"[J]. 中国听力语言康复科学杂志,2005(6):36-39.

[60] 张玲. 生态论视域下民族地区残障儿童家庭抗逆力的质性研究[J]. 教育发展研究,2021,41(12):78-84.

[61] 张玲. 基于文化生态论的残障儿童家庭抗逆:以西南侗族地区为例[J]. 残疾人研究,2020(4):61-67.

[62] 张宁生,王琦. 聋人身份认同问题探讨[J]. 中国特殊教育,2009(7):49-53.

[63] 张宁生. 接过话题往下说——谈任用聋人做教师的问题[J]. 现代特殊教育,2002(9):5-7.

[64] 陈光华. 张宁生. 聋人教育的新选择——双语双文化法[J]. 中国残疾人,2001(10):48-49.

[65] 张淑华,李海莹,刘芳. 身份认同研究综述[J]. 心理研究,2012,5(1):21-27.

[66] 张松柏,徐铁卫. 西方聋人文化影响下的中国聋人文化研究 [J]. 中国特殊教育,2010(4):23-27.

[67] 郑伯埙. 差序格局与华人组织行为 [J]. 中国社会心理学评论,2006(2):1-52.

[68] 郑荔. 双语聋教育给聋童带来什么?——我国双语聋教育实验效果评述 [J]. 中国特殊教育,2009,107(5):30-35.

[69] 郑璇. 双语双文化理念在重庆聋人高等教育中的运用 [J]. 怀化学院学报,2011,30(10):117-118.

[70] 郑玥. 聋人困境及优势视角下的干预研究 [D]. 杭州:浙江师范大学,2012.

[71] 中国残疾人联合会. 2013年中国残疾人事业发展统计公报 [EB/OL]. (2014-03-31)[2023-05-01]. https://www.zglx.org.cn/public/index.php/index/infolist/view/id/29/ids/677798.html.

[72] 中国残疾人联合会. 2019年残疾人事业发展统计公报 [EB/OL]. (2020-04-02)[2022-05-01]. https://www.cdpf.org.cn//zwgk/zccx/tjgb/0aeb930262974effaddfc41a45ceef58.htm.

[73] 广东省残疾人康复中心. "中国残联贫困聋儿人工耳蜗、助听器抢救性康复项目"启动 [EB/OL]. (2010-03-01)[2023-05-04]. https://www.gddprc.org.cn/zxzx/gzdt/content/post_302990.html.

[74] 听障儿童概述中国有听力残疾儿童13.7万人 [EB/OL]. (2018-06-28)[2022-05-01]. http://www.cndcm.cn/html/home/kangfuzhishi/2736_1.html.

[75] 中华医学会耳鼻咽喉头颈外科学分会听力学组,中华耳鼻咽喉头颈外科杂志编辑委员会. 新生儿及婴幼儿早期听力检测及干预指南(草案) [J]. 中华耳鼻咽喉头颈外科杂志,2009,44(11):883-887.

[76] 周兢,刘宝根. 汉语儿童从图像到文字的早期阅读与读写发展过程:来自早期阅读眼动及相关研究的初步证据 [J]. 中国特殊教育,2010(12):64-71.

[77] 朱眉华. 困境与调适:乡城流动家庭的抗逆力研究 [D]. 上海:上海

大学，2013.

[78] 朱自强. 朱自强学术文集3：儿童文学概论 [M]. 南昌：二十一世纪出版社，2015.

英文

[1] AHLERT I A，GREEFF A P. Resilience factors associated with adaptation in families with deaf and hard of hearing children [J]. American Annals of the Deaf，2012，157（4）：391—404.

[2] AKAMATSU C T，ANDREWS J F. It takes two to be literate：literacy interactions between parent and child [J]. Sign Language Studies，1993，81（1）：333—360.

[3] ANDREWS J F，TAYLOR N E. From sign to print：a case study of picture book reading between mother and child [J]. Sign Language Studies，1987，56（3）：261—271.

[4] LUCKNER J L，SEBALD A M，COONEY J，et al. An examination of the evidence-based literacy research in deaf education [J]. American Annals of the Deaf，2006，150（5）：443—456.

[5] BAILES C N，ERTING C J，ERTING L C，et al. Language and literacy acquisition through parental mediation in American sign language [J]. Sign Language Studies，2009，9（4）：417—456.

[6] BAILES C N. Integrative ASL-English language arts：bridging paths to literacy [J]. Sign Language Studies，2001，1（2）：147—174.

[7] BAUWENS J，HOURCADE J，FRIEND M. Cooperative teaching：a model for general and special education integration [J]. Remedial and Special Education，1989，10（2）：17—22.

[8] BAYAT M. Evidence of resilience in families of children with autism [J]. Journal of Intellectual Disability Research，2007，51（9）：702—714.

[9] BEREZON S M. My child has a cochlear implant: exploring mothers'stories using narrative inquiry [D]. Victoria: University of Victoria, 2008.

[10] BERKE M. Reading books with young deaf children: strategies for mediating between American sign language and English [J]. Journal of Deaf Studies and Deaf Education, 2013, 18 (3): 299-311.

[11] BERNARD B. Fostering resiliency in kids [J]. Educational Leadership, 1993, 51 (3): 44-48.

[12] BOWEN S K. Early Intervention: a multicultural perspective on d/Deaf and hard of hearing multilingual learners [J]. American Annals of the Deaf, 2016, 161 (1): 33-42.

[13] CALDERON R, GREENBERG M. Consideration in the adaption of families with school-aged deaf children [J]. Psychological Perspectives on Deafness, 1993 (2): 27-47.

[14] CALDERÓN R, GREENBERG M T. Stress and coping in hearing mothers of children with hearing loss: factors affecting mother and child adjustment [J]. American Annals of the Deaf, 1999, 144 (1): 7-18.

[15] CHARLSON E S, BIRD R L, STRONG M. Resilience and success among deaf high school students: three case studies [J]. American Annals of the Deaf, 1999, 144 (3): 226-235.

[16] COOK L, FRIEND M. Co-teaching: guidelines for creating effective practices [J]. Focus on Exceptional Children, 1995, 28 (3): 1-16.

[17] COX R B, BROSI M, SPENCER T, et al. Hope, stress, and post-divorce child adjustment: development and evaluation of the co-parenting for resilience program [J]. Journal of Divorce&Remarriage, 2021, 62 (2): 144-163.

[18] CRAMÉR-WOLRATH E. Attention interchanges at story-time: a case study from a deaf and hearing twin pair acquiring Swedish sign

language in their deaf family [J]. Journal of Deaf Studies and Deaf Education, 2012, 17 (2): 142−162.

[19] DYE M W G, KYLE J G. Deaf people in the community: demographics of the Deaf community in the UK [M]. Bristol: Deaf Studies Trust, 2000.

[20] ELLIOT J. Action research for educational change [M]. Buckingham, UK: Open University Press, 1991.

[21] FRIEND M, COOK L. Co-teaching: guidelines for creating effective practice cover story [J]. Focus of Exceptional Children, 1995, 28 (3): 1−17.

[22] GARMEZY N, MASTEN A S, TELLEGEN A. The study of stress and competence in children: a building block for developmental psychology [J]. Child Development, 1984, 55 (1): 1149−1156.

[23] GEERS A, MOOG J, SCHICK B. Acquisition of spoken and signed English by profoundly deaf children [J]. Journal of Speech and Hearing Disorders, 1984, 49 (4): 378−388.

[24] GOLEMAN D. Emotional intelligence: why it can matter more than IQ [J]. Learning, 1996, 24 (6): 49−50.

[25] GOLOS D. Literacy behaviors of deaf preschoolers during video viewing [J]. Sign Language Studies, 2010, 11 (1): 76−99.

[26] GREENBERG M, KUSCHE C. Promoting social and emotional development in deaf children: the PATHS project [M]. Seattle: University of Washington Press, 1993.

[27] HADJIKAKOU K, CHRISTODOULOU D, HADJIDEMETRI E, et al. The experience of Cypriot hearing adults with deaf parents in family, school, and society [J]. Journal of Deaf Studies and Deaf Education, 2009, 14 (4): 486−502.

[28] HANG Q, RABREN K. An examination of co-teaching: perspectives and efficacy indicators [J]. Remedial and Special Education, 2009, 30

(5): 259-268.

[29] HAPTONSTALL-NYKAZA T S, SCHICK B. The transition from finger spelling to English print: facilitating English decoding [J]. Journal of Deaf Studies and Deaf Education, 2007, 12 (2): 172-183.

[30] HARRIS M, MOHAY H. Learning to look in the right place: a comparison of attentional behavior in deaf children with deaf and hearing mothers [J]. The Journal of Deaf Studies and Deaf Education, 1997, 2 (2): 95-103.

[31] HARRIS M. Social interaction and early language development in deaf children. [J] Deafness&Education International, 2000, 2 (1): 1-11.

[32] HARRISON J, WATERMEYER B. Views from the borderline: extracts form my lifes as a coloured child of Deaf adults, growing up in apartheid South Africa [J]. African Journal of Disability, 2019, 24 (8): 1-9.

[33] HAWLEY D R, DEHAAN L. Toward a definition of family resilience: integrating life-span and family perspectives [J]. Family Process, 1996, 35 (3): 283-298.

[34] HIGGINS P C. Outside in a hearing world: the Deaf community [J]. Journal of Contemporary Ethnography, 1979, 8 (1): 3-22.

[35] HINTERMAIR M. Hearing impairment, social networks, and coping: the need for families with hearing impaired children to relate to other parents and to hearing impaired adults [J]. American Annals of the Deaf, 2000, 145 (1): 41-53.

[36] HOWARD S, DRYDEN J, SOURCE B J. Childhood resilience: review and critique of literature [J]. Oxford Review of Education, 1999, 25 (3): 307-323.

[37] IRANG K, DABABNAH S, LEE J. The influence of race and ethnicity on the relationship between family resilience and parenting

stress in caregivers of children with autism [J]. Journal of Autism and Developmental Disorders, 2020, 50 (10): 650-658.

[38] WOODJACKSON C W, TURNBULL A. Impact of deafness on family life: a review of the literature [J]. Topics in Early Childhood Special Education, 2004, 24 (1): 15-29.

[39] JUDGE S L. Parental coping strategies and strengths in families of young children with disabilities [J]. Family Relations, 1998, 47 (3): 263-268.

[40] KENNEDY M. The abuse of deaf children [J]. Child Abuse Review, 1989, 3 (1): 3-7.

[41] KNESTRICT T, KUCHEY D. Welcome to Holland: characteristics of resilient families raising children with severe disabilities [J]. Journal of Family Studies, 2009, 15 (3): 227-244.

[42] KOESTER L S, BROOKS L, TRACI M A. Tactile contact by deaf and hearing mothers during face-to-face interactions with their infants [J]. Journal of Deaf Studies and Deaf Education, 2000, 5 (2): 127-139.

[43] KOESTER L S, LAHTI-HARPER E. Mother-infant hearing status and intuitive parenting behaviors during first 18 months [J]. American Annals of the Deaf, 2010, 155 (1): 5-18.

[44] KRAMER S, KAPTEYN T S, HOUTGAST T. Occupational performance: comparing normally-hearing and hearing-impaired employees using the Amsterdam checklist for hearing and work [J]. International Journal of Audiology, 2006, 45 (9): 503-512.

[45] LEE M B. Ethnicity matters: rethinking how Black, Hispanic, & Indian students prepare for & succeed in college [M]. New York: Peter Lang, 2006.

[46] LEVINE K A. Against all odds: resilience in single mothers of children with disabilities [J]. Social Work in Health Care, 2009, 48

(4): 402-419.

[47] LIA S E, ABEL A A. Not broken but strengthened: stories of resilience by persons with acquired physical disability and their families [J]. Australian&New Zealand Journal of Family Therapy, 2016, 37 (3): 400-417.

[48] LOOTS G, DEVISÉ I, JACQUET W. The impact of visual communication on the intersubjective development of early parent—child interaction with 18-to 24-month-old deaf toddlers [J]. Journal of Deaf Studies and Deaf Education, 2005, 10 (4): 357-375.

[49] LOOTS G, DEVISÉ I. An intersubjective development perspective on interactions between deaf and hearing mothers and their deaf infants [J]. American Annals of the Deaf, 2003, 148 (4): 295-307.

[50] LUCKNER J L, VELASKI A N N. Healthy families of children who are deaf [J]. American Annals of the Deaf, 2004, 149 (4): 324-335.

[51] MARSCHARK M. Psychological development of deaf children [M]. New York: Oxford University Press, 1993.

[52] LUTHAR S S, BROWN P J. Maximizing resilience through diverse levels of inquiry: prevailing paradigms, possibilities, and priorities for the future [J]. Development and Psychopathology, 2007, 19 (3): 931-955.

[53] MARSCHARK M, BULL R, SAPERE P, et al. Do you see what I see? School perspectives of deaf children, hearing children and their parents [J]. European Journal of Special Needs Education, 2012, 27 (4): 483-497.

[54] MARSCHARK M, LANG H G, ALBERTINI J A. Educating deaf students: from research to practice [M]. New York: Oxford University Press, 2001.

[55] MARSCHARK M. Psychological development of deaf children [M].

New York: Oxford University Press, 1993.

[56] MARSCHARK M. Raising and educating a deaf child [M]. New York: Oxford University Press, 1997.

[57] MARSCHARK M. Raising and educating a deaf child: a comprehensive guide to the choices, controversies, and decisions faced by parents and educators [M]. New York: Oxford University Press, 2017.

[58] MASTEN A S, COATSWORTH J D. The Development of competence in favorable and unfavorable environments: lessons from research on success children [J]. American Psychologist, 1998, 53 (2): 205-220.

[59] MASTEN A S. Resilience theory and research on children and families: past, present, and promise [J]. Journal of Family Theory & Review, 2018, 10 (1): 12-31.

[60] MASTEN A S. Ordinary magic: resilience processes in development [J]. American Psychologist, 2001, 56 (3): 227-238.

[61] SMOKOWSKI P R. Prevention and intervention strategies for promoting resilience in disadvantaged children [J]. Social Service Review, 1998, 72 (3): 337-364.

[62] MCCONNELL D, SAVAGE A, BREITKREUZ R. Resilience in families raising children with disabilities and behavior problems [J]. Research in Developmental Disabilities, 2014, 35 (4): 833-848.

[63] MCCUBBIN H I, THOMPSON A I, MCCUBBIN M A. Family assessment: resiliency, coping, and adaptation: inventories for research and practice [D]. Madison: University of Wisconsin-Madision, 1996.

[64] MCGURGAN I J, PATIL N. Neonatal hearing screening of high-risk infants using automated auditory brainstem response: a retrospective analysis of referral rates [J]. Irish Journal of Medical Science, 2014, 183 (3): 405-410.

[65] MEADOW K P, GREENBERG M T, ERTING C, et al. Interactions of deaf mothers and deaf preschool children: comparisons with three other groups of deaf and hearing dyads [J]. American Annals of the Deaf, 1981, 126 (4): 454-468.

[66] MOORES D F, JATHO J, DUNN C. Families with deaf members [J]. American Annals of the Deaf, 2001, 146 (3): 245-250.

[67] MOROE N. "Physiologically, I am hearing, but psychologically, I am Deaf." Identity: lived experiences of hearing children born in families with deafness in South Africa [J]. Journal of Psychology in Africa, 2019, 29 (5): 499-504.

[68] MORTON D D. Beyond parent education: the impact of extended-family dynamics in deaf education [J]. American Annals of the Deaf, 2000, 145 (4): 359-365.

[69] MULLER V, HURTIG R. Technology-enhanced shared reading with deaf and hard-of-hearing children: the role of a fluent signing narrator [J]. Journal of Deaf Studies and Deaf Education, 2010, 15 (1): 72-101.

[70] PADDEN C, HUMPHRIES T. Deaf in American: voice from a culture [M]. Cambridge, MA: Harvard University Press, 1988.

[71] PAPOUŠEK M. Resilience, strengths, and regulatory capacities: hidden resources in developmental disorders of infant mental health [J]. Infant Mental Health Journal, 2011, 32 (1): 29-46.

[72] PATTERSON J M. Family resilience to the challenge of a child's disability [J]. Pediatric Annals, 1991, 20 (9): 491-499.

[73] PATTERSON J M. Integration family resilience and family stress theory [J]. Journal of Marriage and Family, 2002, 64 (2): 349-360.

[74] PEER J W, HILLMAN S B. Stress and resilience for parents of children with intellectual and developmental disabilities: a review of

key factors and recommendations for practitioners [J]. Journal of Policy and Practice in Intellectual Disabilities, 2020, 11 (2): 92-98.

[75] PRESTON P. Chameleon voice: interpreting for deaf parents [J]. Social Science and Medicine, 1996, 42 (12): 1681-1690.

[76] RAMADHANA M R, KARSIDI R, UTARI P, et al. The role of family communication in the family resilience of deaf children's families [J]. Journal of Family Issues, 2022, 43 (11): 2972-2985.

[77] RICE D, ZIGMOND N. Co-teaching in secondary schools: teacher reports of development in Australian and American classroom [J]. Learning Disabilities Research and Practice, 2000, 15 (4): 190-197.

[78] RICHARDSON G E. The meta-theory of resilience and resiliency [J]. Journal of Clinical Psychology, 2002, 58 (3): 307-321.

[79] ROGERS S, MUIR K, EVENSON C R. Sign of resilience: assets that support deaf adults' success in bridging the deaf and hearing worlds [J]. American Annals of the Deaf, 2003, 148 (3): 222-232.

[80] ROGERS S, MUIR K, EVENSON C R. Sign of resilience: assets that support deaf adults' success in bridging the deaf and hearing worlds [J]. American Annals of the Deaf, 2003, 148 (3): 222-232.

[81] RUTTER M. Psycho social resilience and protective mechanism [J]. American Journal of Orthopsychiatry, 1987, 57 (3): 316-331.

[82] SCHLEPER D R. Reading to deaf children: learning from deaf adults [J]. Perspectives in Education and Deafness, 1995 (13): 4-9.

[83] SCRUGGS T E, MARGO A M, KIMBERLI A M. Co-teaching in inclusive classrooms: a meta synthesis of qualitative research [J]. Exceptional Children, 2007, 73 (4): 392-416.

[84] SCRUGGS T E, MASTROPIERI M A, MCDUFFIE K A. Co-teaching in inclusive classrooms: a meta synthesis of qualitative research [J]. Exceptional Children, 2007, 73 (4): 392-416.

[85] SELTZER J A. Family change and changing family demography [J]. Demography, 2019, 56 (2): 405-426.

[86] SHONKOFF J P, MEISELS S J. Handbook of early childhood intervention [M]. New York: Cambridge University Press, 1990.

[87] SILEO J M. Co-teaching: getting to know your partner [J]. Teaching Exceptional Children, 2011, 43 (5): 32-38.

[88] SINGLETON J L, TITTLE M D. Deaf parents and their hearing children [J]. Journal of Deaf Studies and Deaf Education, 2000, 5 (3): 221-236.

[89] SMOKOWSKI P R. Prevention and intervention stratrgies for promoting resilience in disadvantaged children [J]. Social Service Review, 1998, 72 (3): 337-36.

[90] SOLIS M, VAUGHN S, SWANSON E, et al. Collaborative models of instruction: the empirical foundations of inclusion and co-teaching [J]. Psychology in the Schools, 2012, 49 (5): 498-510.

[91] SOLIS, VAUGHN S, SWANSON E, et al. Collaborative models of instruction: the empirical foundations of inclusion and co-teaching [J]. Psychology in the Schools, 2012, 49 (5): 498-510.

[92] SPENCER P E, BODNER-JOHNSON B A, GUTFREUND M. Interacting with infants with a hearing loss: what can we learn from mothers who are deaf?[J]. Journal of Early Intervention, 1992, 16 (1): 64-78.

[93] SULLIVAN P M, VERNON M C, SCANLON J M. Sexual abuse of deaf youth [J]. American Annals of the Deaf, 1987, 132 (4): 256-262.

[94] SWANWICK R, WATSON L. Literacy in the homes of young deaf children: common and distinct features of spoken language and sign bilingual environments [J]. Journal of Early Childhood Literacy, 2005, 5 (1): 53-78.

[95] TRIVETTE C M, DUNST C J, DEAL A G, et al. Assessing family strengths and family functioning style [J]. Topics in Early Childhood Special Education, 1990, 10 (1): 16-35.

[96] VAISMORADI M, TURUNEN H, BONDAS T. Content analysis and thematic analysis: implications for conducting a qualitative descriptive study [J]. Nursing & Health Sciences, 2013, 15 (3): 398-405.

[97] WAGNILD G, YOUNG H M. Resilience among older woman [J]. Journal of Nursing Scholarship, 1990, 22 (4): 252-255.

[98] WALTHER-THOMAS C, BRYANT M, LAND S. Planning for effective co-teaching [J]. Remedial and Special Education, 1996, 17 (4): 255-264.

[99] WALSH F. A family resilience framework: innovative practice applications [J]. Family Relations, 2002, 51 (2): 130-137.

[100] WALSH F. Applying a family resilience framework in training, practice, and research: mastering the art of the possible [J]. Family Process, 2016, 55 (4): 616-632.

[101] WALSH F. Family resilience: a developmental systems framework [J]. European Journal of Developmental Psychology, 2016, 13 (3): 313-324.

[102] WALSH, F. The Concept of Family Resilience: crises and challenge [J]. Family Process, 1996, 35 (3): 261-281.

[103] WEMER S, SHULMAN C. Does type of disability make a difference in affiliate stigma among family caregivers of individuals with autism, intellectual disability or physical disability? [J]. Journal of Intellectual Disability Research, 2015, 59 (3): 272-283.

[104] WERNER E E. Overcoming the odds [J]. Journal of Developmental and Behavioral Pediatrics, 1994, 15 (2): 131-136.

[105] WERNER E E. Resilient children [J]. Young Children, 1984, 40

(1): 68-72.

[106] WILLIAM R B. The role of self-understanding in resilience individuals: the development of a perspective [J]. American Journal of Orthopsychiatry, 1989, 59 (2): 266-278.

[107] WILLIAMSON C E. Black deaf students: a model for educational success [M]. Washington, DC: Gallaudet University Press, 2007.

[108] WOUDE J V, BARTON E. Interactional sequences in shared book-reading between parents and children with histories of language delay [J]. Journal of Early Childhood Literacy, 2003, 3 (3): 249-273.

[109] YOSHINAGA-ITANO C, SEDEY A L, COULTER D K, et al. The language of early and later identified children with hearing loss [J]. Pediatrics, 1998, 102 (5): 1161-1171.

[110] YOUNG A M, GREEN L, ROGERS K D. Resilience and deaf children: a literature review [J]. Deafness and Educational International, 2008, 10 (1): 40-55.

[111] ZAJICEK-FARBER L M. Building practice evidence for parent mentoring home visiting in early childhood [J]. Research on Social Work Practice, 2010, 20 (1), 46-63.

[112] ZAND D H, PIERCE K J. Resilience in deaf children: adaption through emerging adulthood [M]. New York: Springer, 2011.

[113] ZIGLER E, PIOTRKOWSKI C S, COLLINS R. Health service in head start [J]. Annual Review of Public Health, 1994 (15): 511-534.

[114] ZOLKOSKI S M, BULLOCK L M. Resilience in children and youth: a review [J]. Children and Youth Services Review, 2012, 34 (12): 2295-2303.